Carnet de route d'un Soldat Musicien

A toi Papa chéri,

Toi si discret, tu ne m'as jamais parlé de ta guerre. Sans doute le souvenir de ces moments de déraison humaine était-il si empreint de tristesse que tu n'as jamais voulu nous en causer. Certes, il y eut de loin en loin quelques anecdotes plus ou moins cocasses tout au moins dans ta bouche que tu as daigné nous faire partager à discrétion. L'histoire des rats qui dansaient le cake-walk, disais-tu, la nuit sur ton ventre et ces rongeurs éclatés à tes pieds le matin, brisés par le plat de ton sabre claquant sur ta bedaine sûrement creuse, faute de repas convenable, restera toujours vivace en mon esprit.

La découverte de ton manuscrit bien rangé dans ton secrétaire quelques jours après ta disparition en décembre 1976, m'a profondément ému.

Te suivre pendant cet atroce conflit qui a fait tant de morts tout au long de tes changements de campement fut pour moi un périple-pèlerinage bouleversant.

Tout en t'écoutant parler de tes craintes, de tes espoirs ''la guerre sera courte et nous gagnerons…'', j'ai suivi l'amour fraternel que tu accordais à ton ''frangin'' aîné, l'intense amour envers tes parents et ta ''sœurette'' chérie si tôt disparue. Cet amour familial tu l'as dispensé avec générosité à la belle Angèle, ma maman si douce et aux tiens.

Que dire de cette soif d'humanisme que tu m'as laissée en héritage génétique. Et puis, j'ai découvert que tu écrivais fort bien, moi qui te croyais surtout matheux. J'ai aussi remarqué que tu avais de l'humour, m'as-tu inoculé le virus ?

Malgré le conflit, tu ne manquais pas d'assister à tous spectacles qui se présentaient, théâtre, opéras et concerts évidemment, toi le musicien et acteur amateur. Alors si aujourd'hui je côtoie sur les planches Christelle, ma fille tant aimée, celle que tu serrais dans tes bras quelques mois encore avant ton départ, n'es-tu pas étranger au plaisir qui est le nôtre d'être complices sur scène aujourd'hui.

« Le grand départ de tous les hommes, c'était une épaisse nuit d'été qui sentait le blé et la sueur de cheval. Cette guerre devait être la der des der, la dernière des guerres, elle était la guerre à tuer la guerre. Elle n'a tué que des hommes, inutilement. Toutes les guerres sont inutiles »

Jean Giono

Carnet de Route

d'un

Soldat Musicien

1914 — 1919

---

2 Août 1914. — Branlebas de Combat. Les cloches sonnent à toutes volées. — Comme une traînée de poudre les mots: <u>Mobilisation Générale</u> - <u>La Guerre est déclarée</u>. sont prononcés indistinctement par les occupants de la Caserne St Charles, sise sur un mamelon, tout près de la Gare du même nom, à Marseille. Dans la chambre N° 100 au 1er étage, à l'aile gauche du Bâtiment, les musiciens s'habillent à la hâte; dès le réveil, ils ont reçu l'ordre de se tenir à la disposition du magasin d'habillement. Chacun d'eux est atterré par les événements, car je dois bien l'avouer, dans l'anxiété de la veille, personne de nous, n'avaient pu croire à un conflit que les journaux pourtant, laissaient pressentir depuis plusieurs jours.

Les classards qui formaient la majorité de la chambrée, sortant de leurs poches le cafard fatidique, mentionnant le nombre 51, le jette au

Carnet de route
d'un
Soldat Musicien

1914-1919

✦

2 Août 1914.- Branlebas de Combat. Les cloches sonnent à toutes volées.- Comme une trainée de poudre les mots :

<u>Mobilisation Générale - La guerre est déclarée-</u>

Sont prononcés indistinctement par les occupants de la Caserne St Charles, sise sur un mamelon, tout près de la gare du même nom, à Marseille. Dans la chambre n° 100 au 1ᵉʳ étage, à l'aile gauche du bâtiment, les musiciens s'habillent à la hâte ; dès le réveil, ils ont reçu l'ordre de se tenir à la disposition du magasin d'habillement. Chacun d'eux est atterré par les événements, car je dois bien l'avouer, dans l'anxiété de la veille, personne de nous, n'avait pu croire à un conflit que les journaux pourtant, laissaient pressentir depuis plusieurs jours.

Les classards*1 qui formaient la majorité de la chambrée, sortant de leurs poches le cafard*16 fatidique, mentionnant le nombre 51, le jettent au loin, désolés de ne plus savoir à cette heure, compter les jours pour la libération de la classe. En commentant la situation présente, tous sont d'avis que la guerre ne peut durer longtemps avec les armements actuels. D'ailleurs, l'Allemagne ne pourrait raisonnablement tenir tête si la Russie et l'Angleterre nous apportent l'appoint considérable de leurs forces ; ainsi, nous pouvons escompter obtenir à bref délai notre revanche de 1870.- Nous nous tenions dans la logique, ''on doit succomber sous le nombre'' mais en bien réfléchissant, qu'importait individuellement à chacun de nous, qu'afin de satisfaire les profiteurs, des millions de bras armés aillent s'entre-déchiqueter causant d'innombrables victimes et amenant le deuil cruel dans les foyers, là où les parents étaient fiers d'avoir élevé leurs enfants jusqu'à 20 ans et pouvaient prétendre à leur appui dans leurs vieux jours.

Mon bon papa et cette chère maman, à qui je pense, doivent certainement demander que leurs deux enfants reviennent le plus tôt, sains et saufs, bien avant de penser à l'issue heureuse ou malheureuse de cette guerre.- Le fils aîné a eu la joie avant de rejoindre son régiment de les embrasser et recevoir leur bénédiction. - Quant à moi, l'accomplissement de mes deux ans de soldat comme musicien au 141ème d'Infanterie ; me prive du plaisir de les rassurer de vive voix et de leur dire « Au revoir ! A bientôt !»— A quel moment aurais-je la joie de les serrer dans mes bras ?

Le musicien de semaine crie le rassemblement.- A quoi sert à cette heure de se laisser abattre, vite, nous descendons dans la cour. - Affectés au magasin du corps, nous allons disposer en rang et par catégorie le matériel compris dans le fourniment à donner aux réservistes, afin de les équiper.-

De bonne heure et par groupes ils rejoignent la caserne. Certes la gaieté n'est pas sur leurs visages, mais ils arrivent convaincus que nous sommes forts de nous mêmes, et qu'aidés par nos alliés, nous les aurons

2

sous peu. *La guerre sera courte, c'est l'avis unanime.- Quelle utopie ! Si les soldats, je veux dire les français avaient eu connaissance du délaissement de notre artillerie et de nos armements, en lesquels nous avions une confiance aveugle, la mobilisation ne se serait pas produite aussi active et méthodique.*

Dans la journée le courrier des cuisines vient nous apporter des nouvelles diverses et mirobolantes.- Les boches ont subi un échec, le jour de départ du régiment est fixé à après-demain, on connaît même le coin de la frontière où le régiment entrera en action.- Le 3ème d'Infanterie est parti ainsi que d'autres unités du corps d'Armée.- Les canards plumés et déplumés prennent leurs ébats au milieu de l'effervescence de la nuée toujours croissante des rentrants. Il y en a qui s'ingénient à inventer des âneries, qu'à la fin ils se persuadent être des vérités.-

Malgré le fait que la caserne soit consignée, les marseillais ont la faculté, tout en escaladant le mur, d'aller fréquemment embrasser leurs parents.- Cela ajoute, au chagrin de savoir mes parents bien affligés, le regret de ne pouvoir agir comme eux.- Aussi, comme certains de mes camarades, c'est à ma lettre quotidienne que je confie mes pensées les plus chères, pour mes parents et ma gentille sœurette.

J'ai pu tout de même faire une escapade près de M. et Mme Reymonenq ainsi que d'Aymard et Pauline qui ont été pendant mes vingt deux mois de garnison plein de prévenances à mon égard.

Jusqu'au 6, le départ du régiment a été ignoré. Pendant cette période, de fréquents exercices de brancardiers nous sont imposés, pour nous donner une mise au point pratique du travail qui nous sera dévolu sur le champ de bataille.- Le matin du 6 août, le 141e et le 341e en tenue de campagne, disposés en colonne serrée dans les terrains vagues bordant la gare St Charles, sont passés en revue, l'un par le colonel Chartier et l'autre par le Lieutenant Colonel Bize.- Après un discours patriotique, le colonel nous annonce notre départ pour demain.-

Le 7 de bon matin je monte le sac que je vais placer à la voiture de l'Etat-major, comme le règlement le prescrit pour les contrebassistes, ne laissant dans ma caisse que des objets encombrants, que j'aurai chance de retrouver au retour de la guerre, puisque le matériel est porté en lieu sûr.- Après un dernier adieu à notre paisible chambrée, nous allons nous ranger dans la cour de la caserne attendant le départ.

De nombreux parents et amis se pressent à la grille heureux de venir souhaiter bonne chance aux vaillants défenseurs de la Patrie.- Le Colonel nous harangue à nouveau d'une voix forte et émue, et ensuite il donne le signal du départ. Musique en tête, drapeau déployé, le régiment quitte la caserne pour aller embarquer à la Gare du Prado, vers une destination inconnue.- Durant la traversée de Marseille, par le Bd National, les allées de Meilhan, la rue de Noailles, la Cannebière, la Rue de la République, la foule pressée sur notre passage nous acclame longuement et nous couvre de fleurs.- Les bonjours, Au revoir, à bientôt, Bonne chance, nous sont adressés par les parents ou amis qui réussissent à reconnaître au milieu de cette cohue leurs enfants chéris.-

Arrivés au quai d'embarquement les corvées s'organisent : des vivres de réserve pour trois journées sont distribués aux troupes.- Chacun de nous brûle d'impatience de connaître la région où l'on va nous amener.- Divers bruits circulent, émanant dit-on de chefs autorisés, mais l'un contredit l'autre, et on ne peut vraiment en retenir un pour certain.- Quatre heures d'attente avant de donner aux troupes le signal d'embarquement ! Avec ma Joséphine*2 je m'installe dans un fourgon de queue.- Durant les premiers mois de guerre elle sera ma compagne de nuit et de jour.-

La locomotive est sous pression.- Sur le quai il n'y a plus que les employés du P.L.M,*3 un sifflement et le train s'ébranle.- Au revoir cité de Marseille, quand aurons-nous la joie d'y faire notre entrée triomphale ! Combien d'entre nous auront-ils le bonheur de revenir sains et saufs !

Petit lit de caserne que l'on critiquait tant, où es-tu ? Allongé sur quelques brins de paille, je m'installe pour dormir, car la nuit est

4

venue avant que le train n'arrive à Lyon. On ôte les souliers et, serrés l'un contre l'autre, on va se laisser bercer par les secousses des wagons.

Le jour commence à poindre. Les côtes se ressentent du dur exercice que je leur ai demandé d'accomplir, mais histoire de les entraîner je demeure le plus longtemps possible sous la couverture.- Mes camarades sont levés. Je me décide à faire comme eux et tout en grignotant un peu de pain et du chocolat, la curiosité me pousse à connaître la région que nous traversons.- La première gare est proche.- J'y lis Chagny, vite ma carte routière, par elle je me rends compte que nous allons vers la région de l'Est.- Le train avance bien lentement, il s'arrête des heures entières en pleine campagne, sans doute pour nous permettre de parer au plus pressé.- Dans la journée tout au plus si on a parcouru 80 Kms, enfin, soyons raisonnables, on a toujours le temps d'arriver pour assister à la noce.- Quelques mots sur une carte remise à un employé de gare vont rassurer mes parents sur ma santé. La nuit est encore venue. Il va falloir penser nous reposer.- Notre cerveau y gagnera gros à ne plus penser à quel moment nous serons à destination, et en quel lieu le train nous déposera.- On dirait que la température est plus fraîche, par les jointures du fourgon l'air vif nous pénètre.- Le train maintenant est lancé, on pourrait croire qu'il a remords de n'avoir pu gagner du temps dans la journée.-

Le train est arrêté, où sommes-nous ?- Tiens, c'est une grande gare avec plusieurs quais de débarquement ; des candélabres électriques narguent la lune qui brille d'un éclat métallique. Des soldats ont mis pied à terre.- Je les appelle, quelle est cette gare ? Est-on arrivé à destination ? La réponse est affirmative, nous sommes à Vézelise. Vite, mes souliers, mon équipement, Joséphine est de suite habillée. Quelle heure est-il ? Ma montre indique une heure du matin.- Equipés nous attendons le signal du débarquement.- Le clairon sonne, tout le monde en bas. Je vais rejoindre les musiciens.- Maintenant le ciel est brumeux la nuit est noire.- Groupés autour du chef de musique, M. Peyraud, des ordres, instructions et recommandations nous sont transmis.

Défense de faire du feu et d'allumer les cigarettes. L'humidité nous pénètre les épaules.- Par détachement, le bataillon qui a fait route avec nous, quitte la gare.- C'est le tour de la C.H.R.*4- En marchant au moins on n'aura pas froid et l'on pourra s'installer convenablement, du moins je l'espère, dans la ville toute proche.- Un kilomètre plus loin, nous trouvons le bataillon en arrêt dans un champ, près de la route.- Le bruit circule qu'on va demeurer sur place jusqu'au lever du jour.-

Le sommeil et la fatigue se font sentir, mais le sol est mouillé et il n'est pas prudent de s'allonger.- Aussi avec plusieurs de mes camarades nous faisons les cent pas pour nous réchauffer.- Nos fourriers*5 partis en vue de faire le cantonnement ne sont de retour que bien après six heures du matin, nous allons en colonne par quatre vers le village, on nous amène dans une grange pour nous permettre de nous reposer.- Les gens de ce petit hameau nous reçoivent avec joie.- L'après-midi, sac au dos, après deux étapes nous arrivons à Tantonville, pays producteur d'une bière renommée. Aussi, je ne m'en prive pas et en même temps je pense à renouveler mes provisions de route.- Dès l'arrivée, le Commandant-Major nous rassemble afin de nous rappeler nos devoirs de brancardiers.- Dans la soirée, j'ai le plaisir d'embrasser Fernand, et tous deux, nous envoyons à nos chers parents la bonne nouvelle de notre rencontre.-

Le 10 août nous partons et traversons les villages d'Haroué (beau château et église de vieille architecture), Lemainville où a lieu la grande halte.- Partout ce ne sont que plaines et prairies magnifiques, nous arrivons enfin à Clavesant, pays solitaire où nous cantonnons.

Le 11 de bon matin départ.- Nous traversons la Moselle, aux abords de Velle sur Moselle, et nous grimpons ensuite au faîte d'une colline par une chaleur accablante, lestés de notre chargement règlementaire.- Au sommet nous voilà à Ferrières. Là, il n'y a plus qu'à se laisser descendre.- Tout au bas, on aperçoit la Meurthe et les deux villages St Nicolas du Port et Varangéville que la rivière sépare.- Nous arrivons à St Nicolas, pays producteur de toiles et de bonneteries, petite ville possédant une superbe cathédrale.- Deux bataillons y cantonnent.

La C.R.H et l'autre bataillon passent la Meuse pour loger à Varangéville.-

Dès notre arrivée la consigne est donnée de ne pas s'éloigner du cantonnement.- On craint une alerte dans la soirée. Je m'empresse de visiter la ville et surtout de voir Fernand qui lui aussi est logé dans le pays.- On trouve de la bière exquise et du vin capiteux.- Les soldats ne s'en privent pas, car chacun escompte passer la nuit et se reposer des fatigues de la marche du jour.-

A 17h le clairon sonne l'alerte, vite, on s'empresse de rejoindre le cantonnement.- Equipé à la hâte, j'attends l'ordre du départ.- On nous désigne par équipes de brancardiers, et cette fois-ci nous allons suivre le médecin de bataillon avec qui l'équipe est affectée.- Les compagnies s'en vont par fraction et ''escarpent''*6 une côte longue et dure.-

On dirait, à mesure que l'on avance qu'on entend au loin un bruit sourd et répété.- C'est le Canon ! La chaleur est suffocante.- La fatigue du matin et la boisson contribuent à annihiler les forces des hommes de compagnies.- Bientôt la route est sillonnée de malades pris de vomissements ou d'insolations.- Le Colonel ordonne de faire halte et d'attendre le coucher du soleil avant de repartir.- La nuit venue on repart.- Harassé de fatigue, je me trouve obligé de suivre de loin la marche de la colonne, et d'arriver à Haraucourt bien avant dans la nuit.- Après une heure de recherche dans le village, j'arrive à trouver le cantonnement des musiciens. Une petite place à côté d'eux, et tout équipé, me jetant sur la paille, je tâche de suite de rattraper le temps perdu.-

Le 12 Août, à une heure du matin réveil.- Peu après, on part direction Drouville où l'on campe.- Fernand est près de moi, mais avant la nuit, on n'aura pas la possibilité de se causer.- Dès que l'ordre arrive de passer la nuit sur le terrain, armés de nos coupe-choux,*7 nous taillons branches et feuillages en vue de nous édifier une cahute pour parer à l'humidité du soir, où l'on roupillera le mieux possible.-

7

Le 13 Août, à 3 heures du matin nous voilà sur pied, attendant durant la journée les ordres à venir.- Fernand est venu passer une heure près de moi.- La nuit vient, mieux organisés que la veille on va tâcher de bien reposer.- Au loin s'entend le bruit distinct d'une fusillade, puis tout rentre dans le calme et l'on s'endort.- Le 14 Août, nous repassons à Drouville. Après une dizaine de kilomètres nous pénétrons dans un grand cintre formé par les collines environnantes.- Le spectacle qui nous est offert est féérique.

Du sommet de ces collines et de tous points déferlent dans la plaine les régiments composant le XVe C.A*8.- Chasseurs, Infanterie, Artillerie, Génie, train des équipages, brancardiers divisionnaires ont formé les faisceaux*9.- Les aéroplanes nous survolent.- Les généraux sont rassemblés au centre de la plaine.- Au loin le canon tonne.- Les régiments commencent à se déplacer, notre tour arrive.-

La première halte a lieu à Valhey (hameau perché sur la colline et où je ne trouve aucune goutte d'eau). Le soir nous passons Parroy et nous engageons dans la forêt.- Une forte odeur de charogne empuante l'air.- Vers neuf heures nous sommes à Coincourt. Déjà sur la route nous croisons les blessés légers du régiment allant vers l'arrière d'un pas joyeux

Quoi ! Le régiment est sur la brèche ?

Au loin la fusillade est grande et le canon tonne.- La petite place près du cimetière regorge de blessés. L'avance s'est produite, le village est dégagé, mais le régiment a écopé sérieusement.- C'est notre tour de nous mettre à l'œuvre. Nos instruments déposés sur un coin de la place, disposés en équipes, chacune avec un brancard, nous allons dans la plaine, au hasard, à la recherche des blessés. D'un pas actif, on se dirige vers les gémissements et les appels qui frappent au loin nos oreilles, délaissant les morts sur notre passage.- Froids et stoïques devant toutes les horreurs accumulées, nous nous portons au secours des malheureux qui attendent depuis plus de vingt heures, cachés dans les déclivités du terrain ou dans les hautes herbes, le passage tant souhaité de ceux qui vont les amener vers l'arrière et leur permettre de recevoir les premiers soins.- Beaucoup ont succombé des suites de leurs blessures, d'autres recevront les soins trop tardivement, les derniers resteront 48 heures sur le terrain sans qu'il soit possible de les rencontrer, bien souvent même nous les dépassons sans nous en douter.-

A un de mes derniers voyages, un coup de sifflet me fait prêter l'oreille, Fernand est près de moi, exténué lui aussi, par ce travail pénible et ingrat ; Ma joie est grande de l'embrasser.- Je n'avais pu le faire depuis Blainville et suis heureux d'avoir de ses nouvelles. Vers une heure du matin, ne pouvant dans la nuit, très obscure, rien découvrir nous sommes autorisés à nous reposer.-

La soirée et la nuit ont été calmes, quelques coups de fusil de temps à autre pour nous prévenir que les Boches sont devant nous.- Dans un coin de la place après avoir déshabillé Joséphine, avoir enfilé mes pieds dans l'enveloppe et me servir d'elle comme oreiller, la couverture par dessus mes épaules, je me décide à roupiller.

Le 15 août, dès le lever du soleil, je suis debout, tout fourbu et transi.- La préoccupation première est de manger.- Le ravitaillement n'étant pas arrivé, je réussis à me procurer auprès des gens du pays, du lait, du miel et du fromage.-

De temps à autre, quelques coups de canon éclatent tout près du village.- A midi, on a l'impression que le canon tonne de plus loin.- Vers 16 heures, nous repartons dans la plaine à la recherche de nouveaux blessés.- Il y en a que nous ramenons, ayant dû demeurer près de 40 heures sur le champ de bataille, tout réconfortés à notre vue par la perspective d'être enfin recueillis.- Pauvres gens, comme ils ont dû souffrir moralement et physiquement.- Les obus éclatent assez près mais ne nous causent aucun mal.- Une nuit opaque et la pluie en sus entravent notre travail de recherche.- Le médecin-chef nous ordonne d'aller nous mettre à l'abri.- Une grange remplie de paille va nous permettre de bien reposer.-

Le 16 août, sac au dos, on quitte Coincourt pour revenir à Parroy.- Dans ce village, on nous ravitaille en pain, chose qui n'avait pas été faite depuis deux jours.- Nous y apprenons que le régiment a pris d'assaut le village de Moncourt notre devoir est de nous rapprocher de lui.- On se remet en route.- Nous passons Xures, village frontière et à 17 h 40, nous mettons le pied sur la terre lorraine annexée.- Le poteau gît à terre, arraché, geste probant que la force brise la matière.- En suivant le long de la route, des soldats sont couchés dormant leur dernier sommeil.- Dans un champ nous dépassons les survivants du 40e et 58e Régiment d'Infanterie. Ils sont une poignée.- Certains racontent avoir vécu pendant deux jours avec les allemands, et que ces derniers leur ont donné de bons soins et ne les ont laissés, que vu l'impossibilité de les transporter.- En suivant, nous traversons un canal, un soldat sac au dos, y surnage.- On ne peut voir ni sa figure ni les écussons du régiment.

Nous arrivons à La Garde (1er village reconquis).- La lutte a été chaude à en juger par les débris et équipements de toute sorte, abandonnés par les allemands.- La pluie tombe avec rage, nous cantonnons dans une grange du village.- Dans la nuit fausse alerte, on se recouche vingt minutes après.-

Le 17 août, à 5h du matin, debout.- On me remet les deux premières lettres datées du 7, que je m'empresse de communiquer à Fernand, qui est tout près de moi.- Nous partons, et traversons Bourdonnay ; puis Mariemont.- Les habitants se montrent bien accueillants.- Nous faisons halte 3 kms après, sur un croisement de routes en attendant les ordres à venir.- La pluie recommence à tomber très drue, et cela durant quatre heures.- Le canon et la fusillade s'entendent au loin.- Nous sommes trempés jusqu'aux os.- La pluie a cessé, vite, on se met en mesure de ramasser le bois qui est à notre disposition.- Quoique vert et mouillé nous parvenons à le faire flamber.- Un grand feu est allumé, une demi-heure après, nos vêtements étaient secs. Mais la pluie vient à nouveau nous faire la nique et à 17 heures après nous être à nouveau bien trempés, nous revenons sur Bourdonnay où l'on cantonne.

Le 18 Août, réveil à 4 heures.- On retourne au même endroit que la veille et y passons la journée.- A la nuit, l'on nous dirige vers la forêt toute proche pour bivouaquer.- Nous assistons à un coucher du soleil merveilleux, une grosse tâche ronde d'un vermillon foncé se détache dans le ciel azuré.- La pluie recommence à tomber avec violence.- Vite, armés de nos coupe-choux, nous taillons des branches pour monter une baraque ; les feuilles vont nous servir de litière.- Une fois installés, notre tête adossée au pied d'un gros arbre, bien serrés l'un contre l'autre, nous allons dormir en attendant l'ordre du départ.-

Le 19 Août, de bon matin nous voici prêts à partir.- Heureusement que notre abri momentané nous a permis de parer aux fortes averses de la nuit.- Le paysage est très joli, surtout avant de dépasser Gelnicourt. Nous traversons la gare et le passage à niveau de Gissenbinger.- Peu après nous pénétrons dans une forêt superbe, en suivant une route large et bien entretenue, laissant à notre droite l'étang de Lindre, pour déboucher après une dizaine de kilomètres aux approches du village de Dieuze.- Des batteries installées à la lisière de la forêt tirent sans discontinuer au grand déplaisir de nos oreilles abasourdies. On se rend compte de l'activité de l'artillerie ennemie par l'appoint des pièces de gros calibre qui étaient jusqu'à ce jour inexistantes. Il faut dire que leur 77 n'était pas efficace, les obus éclatant trop en l'air pour que les shrapnels*10 soient dangereux.- Aux portes de la ville, les habitants se trouvent rassemblés offrant aux soldats des bonbons et du tabac.-

Beaucoup de fenêtres sont pavoisées aux couleurs tricolores.- Je ne m'explique guère comment ils ont pu conserver ces vieilles reliques de plus de 40 ans*11.- La politesse exagérée de ces gens me laisse perplexe.- Le bruit circule que dans un village voisin on vient d'arrêter et fusiller sur l'heure trois paysans espions qui avaient réussi à faire mettre à mal une compagnie de chasseurs.-

Le régiment est parti, vers l'avant, à l'attaque. Une fusillade nourrie dure depuis le matin.- L'artillerie ennemie se montre de plus en plus active et puissante.- La division opère aux approches de Bidestroff, sûrement elle doit fort écoper.- Les avions allemands sont les maîtres de l'air et repèrent l'emplacement des batteries et des troupes d'une façon bien méticuleuse.- Après avoir traversé Dieuze on se trouve dans une plaine très étendue.-

Avec le médecin-chef nous faisons halte près d'un mur de clôture, des bottes de paille nous cachent un peu de la vue ennemie.- Un brouillard très dense de fumée s'est levé, produit par les nombreux éclatements d'obus ennemis. L'odeur de la poudre est persistante.- C'est bien la première fois que nous constatons les effets du 150 et 210.- La plaine est labourée de trous d'obus.- Pour répondre aux allemands, nous ne possédons que le 75, l'artillerie lourde est inexistante.- Les blessés légers arrivent nombreux, heureux d'être parvenus à se tirer de cet enfer.- Ils rapportent que d'un élan remarquable, les chasseurs ont dégagé Bidestroff, mais que la contre-attaque allemande les en a délogés, la lutte continue.-

D'après les on-dit, les allemands sont soutenus par des forts que notre service d'espionnage n'avait pas signalé à l'Etat-major et que nous ne parvenons pas à repérer.- Vers les deux heures de l'après-midi, les équipes de brancardiers s'organisent, sous la conduite de l'adjudant brancardier.- Notre tâche sera ardue, marcher durant 3 kilomètres au moins dans les champs et sur une zone battue.- A l'horizon des masses de fumée en boules émergent ; indice de l'artillerie ennemie.- On se croirait à un feu d'artifice mais c'est moins attrayant pour le spectateur.-

L'équipe doit faire sept à huit kilomètres pour ramener un blessé au poste de secours.- A la nuit venue, je pars pour mon 4ᵉ voyage, la bataille continue et le roulement demeure aussi intense que dans la journée.- Vers les onze heures, me voilà revenu avec un blessé.-

Un infirmier est demeuré pour nous prévenir d'avoir à le transporter à l'Hôpital Militaire.- ''Débrouillez-vous à le trouver'' nous dit-il.- Reposant le brancard sur nos épaules meurtries, nous allons d'un bon pas à la recherche de l'hôpital, qui est édifié à l'autre extrémité de la ville.- Nous arrivons exténués, mais contents, car c'est notre dernier voyage ; on va pouvoir se reposer.- Ce dernier voyage est à signaler, car le blessé a été recueilli à 10 kilomètres en avant du poste de secours et il nous a fallu 6 kilomètres encore pour l'amener à l'hôpital.- A notre arrivée, les sœurs s'empressent de nous distribuer à chacun un bol de bouillon chaud, puis sur notre demande, elles nous indiquent un endroit pour reposer.- Au jour, nous retrouverons les camarades, dépêchons-nous de pioncer.-

Le 20 Août, dès le lever, nous les rejoignons.- Le combat a recommencé avec plus d'âpreté que la veille, du moins en témoignent la fusillade et la canonnade.- Nos avions sont en activité, trois appareils boches ont été abattus.- On voudrait repérer ces forts invisibles qui crachent la mitraille.- Le XVIe corps a attaqué et on espère dans l'issue du combat. Un corps d'armée doit arriver pour soutenir la lutte si besoin en est ; c'est surtout de l'artillerie lourde dont on a grand besoin.- Des soldats de toutes armes pullulent dans Dieuze, l'artillerie se déplace, se portant vers l'arrière, de nombreuses voitures empruntent la voie menant à la forêt, mouvement inaccoutumé et encore incompréhensible.-

C'est midi.- D'une caserne boche des soldats ont réussi à prendre du pain de munition fabriqué avec de la farine de seigle.- Dans la matinée on a pu se procurer des victuailles aux épiceries de la ville.- Avec ce pain noir et pas cuit, on va pouvoir attendre notre ravitaillement qui nous fait faux-bond depuis deux jours. L'ordre de se replier arrive, il est exécuté rapidement.- Les voitures filent au galop. Autorisés par le chef de musique nous allons déposer les deux contrebasses et la grosse caisse sur la voiture d'ambulance.- La voiture n'y est pas, elle s'est rendue au plus près pour essayer d'amener au plus tôt le Colonel Chartier qui est, paraît-il gravement blessé.- Nous laissons nos instruments au médecin-chef qui les fera charger sur la voiture.- Il me sera possible ainsi allégé de poursuivre plus allègrement la route.-

Je n'ai à me charger que de la basse d'un de mes camarades évacués.- A la hâte, les hommes des régiments sont groupés, et se suivant à distance, vont d'un bon pas.- L'ordre est de ne pas se faire couper car

*les voitures entravent fort notre marche.- Notre tour de départ arrive.-
Depuis longtemps nous sommes sur les épines, on a l'impression que les
allemands se rapprochent et voudraient réussir à empêcher l'évacuation
de la ville.- Les coups de canon nous talonnent le derrière.- Des officiers
de chasseurs et du Génie ont mission de réunir tous les soldats en armes,
en reformer des unités pour enrayer l'avance de l'ennemi si possible.-
Réussirons-nous à tenir la lisière du bois ?- L'ordre d'être sans pitié pour
les fuyards est certainement exécuté car au sang froid a succédé la
panique.- Sur la grande route du bois, les voitures se suivent en trois
rangées, les hommes marchent sur le bord de la route, ou bien entre les
voitures.-*

*Des obus rappliquent dans le bois, c'est une preuve que les
Boches tiennent à ne pas nous fausser compagnie.- La musique est en
arrière garde. Le Général Garbillet qui surveille la retraite interpelant
notre Chef de Musique, lui donne l'ordre de rassembler les soldats de
toutes armes qui suivent sur nos arrières, et de les empêcher de traîner.-
Je vous nomme Général de Brigade, lui dit-il, mais j'entends que tout le
monde suive et qu'il ne reste personne à l'arrière. Bourdonnay,
Mariemont sont dépassés. Il fait nuit, on a fait du chemin et l'on
continue. Comment s'expliquer un pareil recul.- La frontière est passée.-
L'enchevêtrement causé par les voitures nous a fait perdre la Compagnie
et la suite de la colonne.- Nous arrivons à Coincourt, le régiment n'y est
pas, l'heure est bien avancée dans la nuit et nous sommes harassés.- Où
aller pour rejoindre la colonne.- Le Chef de Musique nous fait arrêter, on
va se reposer dans une grange, et y trouver dans un sommeil réparateur
des forces pour la journée de demain.-*

*Dès l'aube, on est sur pied.- En une demi-heure, des escouades
ont préparé du café.- Il faut faire vite car le canon se rapproche de
minute en minute.- M. Peyraud ordonne de mettre sac au dos et en
route.- C'est la journée du 21 Août, nous nous dirigeons sur Parroy en
passant la forêt, puis sur Bétincourt, Valhey.-*

*Les avions allemands sont très actifs et règlent le tir de
l'artillerie ennemie.- Là, après une pause, on se remet en marche pour*

arriver aux portes de Lunéville, place fortifiée, située dans l'amphithéâtre formé par les montagnes couronnées de fortifications.- Où s'arrêtera notre repli ?- Le reste du régiment vient de se rassembler.- En tout, trois cents hommes.- Au loin le canon tonne et se rapproche.- L'ordre de départ est donné, on se rend à Vitray (à 4 kms).-

Ma fatigue est grande et à chaque arrêt je m'endors.- La marche continue, il fait nuit depuis au moins deux heures.- Nous passons Villermont et allons nous arrêter à Hudivillers.- Toute la C.H.R. est logée dans une vaste étable, les hommes serrés côte à côte.- Pour ma part, à peine la tête posée sur la paille, je m'endors.- Dans la nuit, un mulet se détache de ses liens et en courant me dépasse sans me toucher.- Mes camarades se sont réveillés effrayés, quant à moi, j'aurais dormi encore longtemps s'ils ne m'avaient pas secoué.-

Le 22 Août, vers 3 heures du matin, on est sur pied.- A peine à la sortie du village, nous mettons sac à terre dans le champ bordant la route.- L'arrêt est court, le départ est donné, quelques temps après, nous nous engageons dans une forêt, il nous faudra trois heures de marche pour la traverser.- Depuis deux heures au moins on entend par moments le sifflet d'une locomotive, c'est un bon signe, car nous pouvons supposer que la marche à pied se terminera par un embarquement en chemin de fer.- Le régiment a besoin de se reformer.- Enfin, nous voici en vue de la Gare.- Depuis Vézelise je n'avais plus vu les trains en marche.- Nous descendons la côte et nous voici à Blainville, que nous traversons pour prendre la route de Chenoux et vers quinze heures être à Méhoncourt.- La marche continue, deux kilomètres après ce dernier village, le chef de détachement se rend compte que nous faisons fausse route.- On revient sur nos pas pour prendre la route de Bayon.- On y arrive vers 21 heures.- La ville que nous passons nous paraît assez conséquente, va-t-on s'y arrêter ? Non !

Le régiment poursuit sa marche.- Quatre de mes camarades s'arrêtent, ainsi qu'un certain nombre des soldats du régiment avec l'idée de se reposer dans la ville et de rejoindre demain à la première heure leurs unités.- A 23 heures, on arrive à Ste Marie d'Ivry, où l'on cantonne.- Pour une journée de marche, c'en est une complète.- Le bruit de retraite générale s'accrédite.- Nous apprenons que les allemands ont envahi la Belgique, et, malgré la défense des valeureux belges, sont actuellement aux portes de Paris.- Le siège du gouvernement est à Bordeaux.- L'Angleterre a déclaré la guerre à l'Allemagne.- Peut-elle de suite nous apporter un concours efficace ? Saurons-nous par nos moyens arrêter l'invasion teutonne ?*12 Notre esprit demeure dans ce dilemme, trop de nouvelles après cette journée de marche.- Reposons-nous et laissons venir les événements.

Le 23 Août, dès 3 heures du matin, sac au dos, on se dirige vers la route de Nancy.- A la première pose, la C.H.R. s'arrête dans un champ.- Les hommes du régiment s'en vont en avant construire des tranchées.- Sur la route des régiments entiers appartenant à trois corps d'armée nous dépassent.- C'est peut être les premiers renforts qu'on attendait à Dieuze.- Ils vont d'un bon pas contribuer à l'arrêt de l'avance ennemie.- Des explosions successives sont perçues par moment.- Le Génie vient de couper les ponts sur la Meurthe.- Lunéville a été incendiée et occupée par les Allemands.- Paraît-il, cinq corps d'armée allemands essaient de briser notre résistance, leurs pertes sont sérieuses.-

Le 3e d'Infanterie passe sur la route, ils vont cantonner à Ste Marie d'Ivry.- Fernand est là, sa santé est bonne, mais la fatigue est grande.- La nuit arrive, nous rentrons nous aussi au village.- Avec Fernand nous partageons le repas et une heure après, chacun va se coucher.- Depuis l'après-midi la canonnade s'est tue, quelle en est la raison ?-

Le 24 Août, dès l'aube, nous allons au même endroit que la veille.- Des coups de canon aériens sont tirés sur un zeppelin*13 et un aéroplane, le réglage du tir les obligent à rebrousser chemin.- Avec intérêt nous avons suivi cette lutte.- Cinq aéroplanes atterrissent dans le champ et l'on s'intéressera à les voir évoluer.-

La nuit est encore venue, irons-nous au village ? Coucher à la belle étoile n'est pas le rêve ! Pourtant il faut s'y résoudre. La nuit est fraîche, depuis Dieuze, ma veste est demeurée roulée dans le pavillon de la contrebasse.- J'essaie de m'endormir, impossible de plier l'œil, je vais faire les cent pas en vue de me réchauffer.- Le régiment a reçu dans la journée le renfort de territoriaux attendus.-

Le 25 Août, à une heure du matin, départ.- Je n'en suis nullement fâché.- Nous repassons à Hudivillers, retraversons Bayon, pour nous diriger sur Méhoncourt.- C'est une marche avant que nous venons d'accomplir.-

Nous bivouaquons à un kilomètre du village.- La nuit approche, il faut penser s'installer. D'un œil contrit, je regarde les granges vides qui sont là à portée de mains, et auxquelles il nous est défendu de demander asile.- Nos chefs, eux, sont allés au village se reposer, voilà la différence de traitement.- Aux meules voisines, je vais chercher de la paille, et prépare ma couche. Un bon tas comme litière, quelques gerbes par dessus, et la fatigue aidant, je m'endors.- Durant la nuit, la pluie tombe abondamment.-

Le 26 Août, je me lève au cri de ''Debout !'', pas trop mouillé ; la paille m'a bien préservé.- La marche avant continue.- Un allemand, blessé léger, passe près de nous sous bonne escorte.- C'est le premier que je vois, on vient de le cueillir.- On passe Froville, puis pénétrons dans un bois voisin. Des odeurs de charogne me piquent au nez par moments.- Vers 18 heures, nous débouchons de la forêt en vue du village de Lamath.- D'après les blessés et les coureurs que nous croisons, les chasseurs alpins soutiennent un combat sérieux ; les pertes sont sensibles des deux côtés.- L'avantage demeure à nos armes.- Un convoi de 250 prisonniers passe sur la route.-

Tous ont l'air hautain mais certainement sont réjouis de sortir de cet enfer, sains et saufs.- On va se poser sur le revers d'un coteau.- L'ordre arrive d'y passer la nuit.- De suite, nous voilà partis chercher

17

aux meules les plus voisines de la paille, qui va servir à nous isoler du sol.- La pluie recommence à tomber et toute la nuit mon sac de basse sur la tête servira à préserver la figure et le cou.- On se réveille au matin et l'on est pire qu'une poule mouillée.- Tout d'abord la journée du 27 commence par un peu de café que nous avons préparé.- La bataille a repris l'intensité de la veille.-

Passent à nos côtés une trentaine de prisonniers bien escortés, toujours l'air hautain et dédaigneux, surtout les officiers.- Un de ces derniers reçoit en pleine figure, d'un des soldats, un pain de munition, pour avoir par trop montré son mépris pour les français.- J'apprends que Fernand n'est pas loin de moi, et l'occasion est vite trouvée d'être pendant quelques instants près de lui.- La pluie tombe à nouveau et enfin deux heures après, l'ordre arrive d'aller cantonner.- En cours de route, nous croisons plusieurs groupes de prisonniers.- La capture a été bonne et on assure qu'elle sera meilleure si l'on arrive à cerner le corps d'armée ennemi.- Une ambulance entière, infirmières comprises, a été faite prisonnière. Nous les voyons filer vers l'arrière.-

Nous voilà logés dans une grange.- Une odeur de charogne s'en dégage ; mais ne pouvant dans l'obscurité en rechercher la provenance, l'on s'endort, heureux de pouvoir esquiver l'averse.- Le 28 au matin, nous trouvons l'énigme de la veille. Un cheval se trouvait sous la paille qui nous a servi de couchette.- Nous allons occuper l'emplacement de la veille sur le coteau.- L'ordre arrive de faire un tas de toute la paille apportée la veille, qui est toute mouillée par les averses successives et ensuite d'y mettre feu.- Imprudence très grande, une fumée épaisse qui grossit à chaque minute permet à l'artillerie ennemie, avec un point de repère aussi visible, de régler son tir qui devient de plus en plus précis.- De suite, l'ordre arrive d'éteindre le feu.-

Nous n'avons pas d'eau à proximité et tous les soldats avec la seule ressource que leur procure la nature, s'évertuent et arrivent à grand peine à l'extinction du feu.- Toutefois il faut se presser et partir ; c'est miracle si personne n'est touché.- Par petits groupes, nous nous dirigeons vers la forêt.- L'artillerie nous envoie des pruneaux de choix.- Le colonel du 3ᵉᵐᵉ R.I. nous arrête au passage, afin de se renseigner : qui a pu donner des ordres d'allumer un pareil feu.- Cet arrêt nous a évité d'écoper.- Un obus vient de tomber sur la route à un endroit où sûrement nous aurions dû être, si notre marche n'avait été interrompue.- On repart de suite, encadrés par les éclatements d'obus de tout calibre, et la nuit venue, nous retournons au village.-

Nous croisons de nouveaux prisonniers sur notre chemin.- Le canon tonne sans arrêt et essaie de protéger une retraite que notre état-major escompte.-

Le 29, le vaguemestre me remet deux lettres.- J'en suis heureux, les nouvelles de la maison sont bonnes.- Je m'empresse d'en faire part au frangin.- Nous partons ensuite pour bivouaquer à 1 km de Xermaménil.- Dans la journée des renforts parviennent au régiment et de suite, le voici engagé en première ligne. On aperçoit dans la nuit un grand incendie dans les lignes boches, sans que nous puissions arriver à en connaître les causes.- Ce qui nous préoccupe c'est d'être vivement renseignés si nous couchons à la belle étoile ; l'ordre arrive enfin de mettre sac au dos, on va cantonner.-

Le 30, nous quittons le village pour nous engager dans une grande forêt. Depuis plusieurs jours, nous souffrons d'une pénurie de tabac, papier-cigarettes et surtout allumettes.- Avant d'éteindre pipes ou cigarettes, à tour de rôle, chacun de nous cède le feu au voisin.- Nous arrivons à 300 mètres des tranchées et l'on se couche le long du ravinement de la route.- Dans la nuit, une fusillade nourrie éclate.- Les balles nous passent à fleur de tête et l'on entend nettement le brisement des branches.- Un peu de panique s'ensuit, vite réprimée d'ailleurs, chacun s'ingéniant à s'abriter au plus tôt.- Assis en compagnie de Bottin et Polleri, nous pensions à imiter les camarades qui cherchaient un refuge plus sûr, quand une balle vint buter sur une cymbale qui se trouvait placée entre nous trois.- Nous nous allongeons et rapetissons le plus possible, et nous demeurons dans cette position deux heures durant.- Le bruit circule que notre chef, M. Peyraud est blessé ; le sous-chef, M.

Nique va s'enquérir de son état.- La fusillade reprend à nouveau, très nourrie.- Nous entendons crier « Sauve qui peut ! » une grande frayeur s'ensuit.- L'ordre de demeurer sur place, et se tenir dans le ruisseau évite les proportions d'une panique qui aurait pu provoquer de nombreux blessés.-

Un quart d'heure après, l'ordre parvient à la musique de revenir sur ses pas et d'aller au village.- Le chef, sous-chef et tambour-major ne sont pas près de nous et le musicien de semaine s'évertue à nous rassembler.- Le temps passe, enfin, M. Nique arrive, et nous voici en route tout équipés.- A la sortie du bois nous bivouaquons, la nuit s'écoule dans l'expectative d'une avance ou d'un recul.- Le 31, dès l'aube, la fusillade reprend.- Nous avons eu le temps, néanmoins, d'occuper sans encombres l'emplacement de la veille.- A midi, l'annonce que le ravitaillement nous attend nous fait revenir sur nos pas.- On entend chuchoter qu'une grande manœuvre se prépare.-

Le régiment en entier se détache par compagnie, en formation de combat, dans un champ et s'apprête à passer la nuit.- Un musicien que le grand jour indisposait, s'aperçoit que tout le régiment nous a lâché, même la C.H.R. et il nous donne l'éveil.- Nous voici tout ahuris le 1er septembre de constater que le régiment a pu s'éclipser, oubliant sur le terrain la musique et l'aide-major avec ses brancardiers.- Il s'agit maintenant de retrouver le régiment, sac au dos et en route.- La bataille continue, à travers les arbres, nous distinguons les lueurs du canon.- Nous allons vers la partie du bois où nous étions la veille et chemin faisant, essayons de nous renseigner auprès des rares estafettes*14 qui nous croisent.- Aucun n'a vu le régiment ; la nuit va arriver, la prudence nous recommande de revenir à la lisière du bois.- Nous y parvenons à 16 heures.-

Un musicien accompagne M. Nique au village rendre compte au médecin-chef, M. Esclandre de Mézières de notre déconvenue.- Ce dernier décide de nous accompagner et ordonne que sans l'attendre nous gagnions la lisière du bois.- Il nous rattrape, car il monte à cheval, et à sa suite, nous entrons dans le bois.- De courts arrêts se produisent au

20

croisement des sentiers.- Le médecin-major repère sur sa carte notre position.- A un nouveau croisement, après une heure de marche, nouvel arrêt.- Cette fois le médecin-major va se rendre compte de la route et donne l'ordre d'attendre son retour.-

Une heure et demie est déjà passée sans que notre guide galonné ait donné signe de vie.- Notre impatience grandit avec la nuit qui avance et avec l'incertitude de demeurer à un endroit inconnu et en plein bois.- Le sous-chef et le médecin auxiliaire se décident enfin à ordonner de mettre sac au dos afin de nous rendre à nouveau à Xermaménil.- Nous supposons que le médecin-chef n'a pu repérer sur la carte le point où il nous avait laissés.-

Aux abords du village nous faisons halte et le sous-chef va s'enquérir sur notre situation.- Le médecin-chef se trouve au village.- Apercevant M. Nique, il entre dans une colère violente, lui reprochant de ne pas avoir exécuté ses ordres, d'être parti sans l'attendre et lui ordonnant de retrouver le régiment par ses propres moyens, donnant défense de demeurer pour la nuit au village.- En revenant près de nous, à la figure renfrognée de M. Nique, nous comprenons que l'entrevue n'a pas été cordiale.- Le sous-chef en peu de mots nous rend compte des ordres qu'il a reçus et ordonne de mettre sac au dos.- Le médecin auxiliaire discute avec M. Nique sur l'opportunité de notre départ.- Pour lui, il passerait volontiers la nuit au village dans une des premières maisons, et à l'aube, nous irions alors avec plus de succès à la recherche du régiment.- La majorité des musiciens sont partisans de voir M. Nique admettre cette thèse, et tous nos moyens de persuasion sont employés.- Mais le sous-chef ne veut rien entendre, les ordres sont les ordres, et, suppliant, il commande aux musiciens de le suivre, car sa responsabilité est engagée et il craint pour ses galons.- Les musiciens se concertent et d'un commun accord, demeurent sur place.- M. Nique prononce le mot ''en avant !'' et parcourt plus de 200 m. sans que personne ne le suive.- Alors, sa frayeur grandit au contact de notre résistance. Il braque son révolver et essaie de nous intimider en nous ordonnant par trois fois de le suivre.

Les musiciens lui demandent de préciser s'il sait où il va, s'il est en mesure de lire sur une carte (chose qu'il ne sait pas faire) et lui font entrevoir le danger que nous courrons s'il nous perd dans le bois.- M. Nique essaie de nous amadouer.- Il craint que le médecin-chef ne s'aperçoive de la non-exécution des ordres donnés, et il nous supplie de ne pas l'exposer à perdre ses galons.- Le médecin auxiliaire répond que lui et ses hommes vont s'installer sur un talus à 500 m. du village, et qu'à l'aube il s'empressera avec les brancardiers de continuer les recherches.- Il invite M. Nique à ordonner à sa musique d'en faire autant.-

Sollicité de toutes parts, M. Nique consent à ne se mettre en route qu'à l'aube, mais trouvant la distance de 500 m. insuffisante, il propose de nous installer dans le champ à mi-chemin du village et de la forêt. Les brancardiers s'installent à la place qu'ils avaient choisie, car la déclivité du terrain les met dans un abri naturel et les musiciens satisfaisant au caprice du s/chef s'installent dans le champ pour y passer la nuit.- Grande brume et nuit très fraîche.- Le 2, de très bonne heure, tout équipés, nous dirigeons nos pas au petit bonheur à travers bois.-

Nous sommes sur une route très large et marchons par quatre.- L'artillerie se réveille et l'impression demeure qu'elle cherche à repérer la route que nous suivons.- C'est miracle si aucun de nous n'est atteint.- Après maints détours, nous arrivons.- Le Capitaine Provençal se détache d'un arbre où il se tenait à l'abri pour venir au devant de M. Nique. Grand Dieu, quelle engueulade ! "Où allez-vous de ce pas et par quatre ? Qui vous a dit de venir ! Vous êtes en avant de ma compagnie, vous dirigeant chez les boches, veuillez déguerpir, vous allez faire massacrer mes hommes !".- Prenant M. Nique par la tunique « Je ne sais ce qui me retient de vous envoyer ma botte quelque part, Retournez au village ! »

Surpris et émotionnés, nous avons fait demi-tour prestement, et nous voilà de nouveau en route pour Xermaménil.- Les obus maintenant encadrent la route et éclatent près de nous à chaque instant.- A un croisement de route, nous nous trouvons en présence du Général Garbillet et son officier d'ordonnance.- S'adressant au sous-chef, le général se renseigne pour savoir où nous allons.- En apprenant que nous nous dirigeons vers le village, il nous dit : « Mes enfants suivez-moi, la grand route n'est pas sûre, vous pourriez vous faire moucher *15», et par des petits sentiers, il nous ramena à la lisière, nous engageant à profiter du repos, car nous avions encore des efforts à produire dans les jours à venir.-

En arrivant au village, j'ai le plaisir d'y trouver Fernand.- Nous causons un bout de temps, la nuit s'avance, il faut se coucher.-

A une heure du matin, le 3, réveil.- Des voitures sont réquisitionnées, nous y déposons nos sacs.- Et en route, nous traversons Lamath, Mehoncourt, Froville.- Halte ! A 18 heures, nouveau départ, passons à Bayon, retraversons la Moselle et le Canal de l'Est, arrivons à Tantonville la gare de Vézelize et enfin cantonnons à Vézelize.- Il est 21 heures sonnées, des magasins sont ouverts, nous pouvons nous approvisionner. La ville me paraît grande et animée.-
Nous y passons une bonne nuit, et le matin sommes dispos.-

Le 4, dès quatre heures du matin nous sommes sur pied, et chargeons nos sacs sur des automobiles.- L'heure du départ arrive, nous pensons avaler des kilomètres.- Passons à Crépy, Vannes le Châtel, nous quittons le département de Meurthe et Moselle pour parcourir celui de la Meuse à 12h50.- Arrivons à Pagny la Blanche Côte pour y cantonner.- Pour l'atteindre, nous avons dû grimper rudement, la route est bien déclive pendant plus de 10 kms.- Enfin nous voici au repos dans une grange, en attendant les aventures du lendemain.-

Le 5 après une bonne nuit, départ. La région que nous parcourons est ravissante surtout vue de Pagny. Passons à Sampigny, Maxey sur Vaise, Epiez, Badonviller, Rosières en Blois, Delouze, Houdelaincourt. On nous arrête à la gare durant quelques heures pour nous embarquer ensuite vers une destination inconnue.-
A 18 heures, tout le régiment est embarqué ; le train s'ébranle et la sonnerie finale (tout le monde en bas !) ne retentit que le 6 septembre à

la gare de Longeville près Bar le Duc.- Nous cantonnons à Tannois où nous arrivons à la nuit. Le 7, départ de bon matin, passons Longeville, Bar le Duc.- Une rue est à signaler, il faut une corde à nœud pour l'escalader et des deux côtés des lanternes rouges signalent les maisons closes de la ville.- Nous percevons à nouveau le bruit du canon.- Après un arrêt au sommet du coteau dans un bosquet, l'ordre parvient à la nuit d'aller cantonner à Véel.

Le 8 nous nous mettons en route.- Passons à Chardogne, nous pénétrons dans une forêt et débouchons à Louppy le petit.- Le régiment est en ligne, à la nuit nous revenons cantonner à Chardogne.- La musique est logée à la maison de M. le Maire.- Nous y faisons le tour du propriétaire et entrons enfin dans la cave.- C'est par là que la visite aurait dû commencer. Vin excellent, flacons d'haricots et petits pois en conserve.- Nous allons pouvoir améliorer l'ordinaire d'autant plus que poules et lapins logent à la maison.- La nuit est tranquille nous en sommes heureux. Le 9 la journée s'achève en bombance. Le 10, départ pour Aigueville. Nous bivouaquons à proximité du village. Dans la journée nous apercevons un aéroplane boche tomber en flammes.- La pluie tombe durant la nuit, elle vient agrémenter notre plaisir de coucher dehors.- Les jours ne se ressemblent pas, de même les nuits.-

Le 11 nous demeurons sur place.- Un avion français atterrit près de nous.- La pluie recommence à tomber et une fois bien mouillés, l'ordre arrive d'aller cantonner.- Nous effectuons un crochet en passant par Vavincourt et enfin Aigueville.- Le 12, la pluie tombe sans arrêt.- Nous prenons la direction de Condé et cantonnons à Génicourt.- Le 14, sur la route, nous voyons des soldats morts depuis plusieurs jours, l'odeur qui s'en dégage nous le prouve.- Ils attendent que l'on veuille bien s'occuper de leurs sépultures.- Nous apercevons au loin un village qui a dû être bien éprouvé.- Les allemands l'ont incendié.- Le canon a fait de larges brèches dans les maisons.- En le traversant, nous pouvons mieux voir cette destruction barbare.-

L'église de Rembercourt aux pots n'est que ruine, elle se remarquait par sa vieille architecture.- Nous continuons notre chemin, une odeur de charogne nous poursuit.- Arrivons à Ippécourt.- Une folle est dans une maison et y saccage tout, elle est d'ailleurs la seule habitante du village.- Enfin, cantonnons à Vadelincourt.- Le 15 de bon matin, départ.- passons à Maxéville, Sivry, Froméreville et Chattancourt.-
On bivouaque à 500 m. du village.-

La pluie tombe durant la nuit et le matin du 16, on se réveille tout trempés.- Sac au dos, nous passons Chattancourt et Cumières où là, nous faisons halte à flanc de coteau.- Le canon n'a cessé de tonner durant la nuit, et depuis le matin, la fusillade s'ajoute à la mitraille.- A l'endroit que nous occupons, les obus seuls nous préoccupent, ils passent au dessus de nos têtes pour éclater dans la plaine ou sur la route que nous venons de quitter.- On croirait par moments que l'un d'entre eux va nous décoiffer.- Dès notre arrivée, nous avons coupé des branches, et, avec du feuillage, nous tâchons de nous cacher à la vue des aéroplanes boches que nous n'allons pas tarder à apercevoir, inspectant nos refuges.- Entre temps, nous avons pu cueillir aux arbres fruitiers des pommes et des prunes qui vont me faire la meilleure partie de mon repas.-

Un bon nombre de musiciens se sont abrités en dessous d'un sentier.- Avec le camarade Bottin, notre cabane a été édifiée au dessus, en accotement.- Nous apercevons débouchant de Cumières, un cycliste qui s'évertue à aller vivement de l'avant afin de remplir sa mission et le suivons des yeux, tandis que les éclatements des obus le talonnent.- Vision douloureuse,... une fumée l'enveloppe, l'obus éclate ; des infirmiers volent à son secours.- Nous apprenons qu'il s'agit du dénommé Ardisson (de Tourrette-Levens) qui venait du ravitaillement.- Il a été relevé en charpie.-

Chacun de nous a hâte d'évacuer les lieux, car nous avons l'impression que le tir se concentre vers notre refuge. Nouvelle arrivée qui nous oblige à nous allonger, l'obus a éclaté près de nous.- Une fumée épaisse me prend à la gorge, des débris de pierres s'effritent sur nous.- Quelque chose de lourd violemment projeté tombe sur notre abri, nous percevons des cris, en même temps que nous voyons plusieurs de nos camarades s'enfuir vers un endroit plus hospitalier.- Nous nous portons au secours des blessés.- Nos camarades Roubin et Castel ont vécu*16.- Estrayer et Michel sont blessés.-

En tout 7 morts et 8 blessés, les autres appartiennent à la C.H.R.-

L'ordre arrive de nous porter dans les tranchées établies au bord de la route, nous y allons en vitesse, notre sécurité n'y est pas plus grande, car la route est balayée et l'abri imparfaitement achevé.- A la nuit, nous rentrons à Cumières et y cantonnons.- Le village est bombardé, nous logeons dans une grange et chaque obus qui part nous donne le frisson ; jusqu'à ce que nous l'entendions tomber, et avec lui le bruit démolisseur des maisons qui s'écroulent.- Le 17, à l'aube, nous creusons dans le cimetière une fosse et y enterrons nos deux camarades.- Nos souhaits sont exprimés avec foi.- Pourvu que les obus respectent leurs sépultures et leur permettent de reposer en paix.-

Durant la journée du 18, nous partons pour Chattancourt. Un espion civil a été passé par les armes.- Malgré les obus, cet homme labourait son champ, et au moyen de sa faucille permettait aux boches de régler le tir, suivant qu'il se tournait pour effectuer son travail, et que le balancement de sa faucille était plus accentué.- La pluie persiste à tomber depuis le matin.- Après une courte halte, nous sommes à nouveau en route.- Une plaine est devant nous.- C'est en courant et en file indienne qu'il s'agit de la traverser.- L'ennemi nous a aperçu et les obus rappliquent.- Le tir n'est pas précis, personne n'est touché.- Nouvelle plaine à traverser, même tactique, quatre à quatre et en file indienne.- Devant nous se dresse un nid d'aigle qui a le nom devenu légendaire de « Montfaucon ».

Les hommes de compagnies creusent des tranchées.- Nous passons au devant d'une batterie qui s'installe en plein champ, et nous arrêtons à 200 mètres en arrière.- Le canon tonne et son tir nous inquiète.- Le Commandant nous ordonne d'aller rejoindre le poste de secours au village, s'il a besoin de nous, il nous enverra quérir.- Nous logeons à l'entrée du village d'Esnes près du cimetière.- Mon tour de corvée arrive.- Je me rends au poste de police dans le village, mon rôle est de prévenir notre caporal d'ordinaire, dès l'arrivée des voitures de ravitaillement. A 1 heure du matin, rien n'est signalé, le sergent de garde m'engage à me reposer, prenant sur lui de me réveiller. La nuit se passe sans à-coup. Le poste n'a pas été prévenu, et le ravitaillement a été distribué aux hommes de corvée présents.- Je rentre au cantonnement, le sous-chef m'incrimine de n'avoir pas accompli ma mission.- Je m'en explique franchement.- Comprenant que je n'avais pas tous les torts, l'affaire en reste là.- Pour la journée, nous mettrons un cran de plus à la ceinture.- Le 19, nous demeurons au village, vers le soir, je suis désigné comme brancardier, et à la nuit, je rejoins le cantonnement.- Là, une surprise m'y attendait.- Fernand est près de moi, et nous causons un bon bout de temps ensemble.-

Le 20, nous changeons de local pour prendre place dans une autre grange près le presbytère.- Notre ex-flûtiste Raynaud, nous vient dire au revoir ; il est légèrement blessé au bras et évacué.- Il se déclare très content, nous souhaite bonne chance, et se dit impatient d'aller vers l'intérieur.- A la nuit, nous allons cantonner à Germonville, en passant par Montzéville, Béthelainville et Froméreville Le 21, nous y demeurons au repos.- Le 22, vers 6 heures, départ, par la forêt nous atteignons Béthelainville que nous dépassons pour nous arrêter dans un champ sous des arbres.- Le soir nous revenons sur nos pas.- Le 23, au matin, nous nous engageons dans une grande forêt pour enfin déboucher au pied d'un village. Il est 4 heures de l'après-midi.- La musique et les brancardiers du poste du médecin-chef s'arrêtent au versant de la colline afin de dégager la route.- La nuit est calme, mais pas pour longtemps.- On dirait que l'ennemi a eu vent de notre arrivée à la lisière du bois, car le canon tonne et les obus rappliquent.-

Les compagnies sont parties en avant prendre position.- Non loin de nous, deux hommes profitant de la halte ont entrepris une partie de cartes.- Soudain, une fusillade nourrie éclate.- Il y a du grabuge et nous appréhendons, au fur et à mesure que la lutte continue, que la casse sera sérieuse, et que la nuit se passera pour nous à l'accomplissement de nos rôles de brancardiers.- Les balles sifflent, notre position n'est plus tenable, nous nous reportons en arrière en attendant les ordres.- On apprend que le régiment était venu prendre possession du village inoccupé, et que les boches avaient fait de même.- Les troupes ont pris contact dans le village d'Avocourt.-

Le Commandant Laucagne, faisant fonction de Colonel, nous fait avancer vers le village par groupe, et nous poste près de l'église, à proximité d'un sentier amenant vers la plaine.- La C.H.R., elle aussi, est engagée et fait le coup de feu.- Une demi-heure s'écoule sans que nous obtenions aucune nouvelle sur l'engagement.- Le Cdt Laucagne demande un musicien débrouillard pour aller rechercher la situation de la C.H.R.- Aymard est désigné.- Nous quittons les lieux, et allons cantonner dans les dernières granges situées près de la lisière du bois d'où nous venons.- Aymard revient sans apporter aucun renseignement.- Des blessés légers affluent à qui nous montrons la route de l'arrière.-

Tous affirment que les blessés sont nombreux. Nos équipes sont constituées, et nous partons à leur recherche.- Dans des granges au haut du village, des blessés sont remisés, les brancardiers du régiment les y ont déposés. La plupart d'entre eux sont touchés au ventre, il faudrait une opération chirurgicale, et ces hommes sont condamnés à mourir car les salles d'opération n'existent pas.- C'est navrant de voir leurs souffrances, tous réclament à boire, les uns pleurent, les autres crient, chacun appelle les siens, d'autres râlent.- Défense nous est faite de leur donner à boire, d'avance nous savons ces hommes condamnés.- La grange est éclairée à la lueur d'une bougie, les issues calfeutrées.- De temps à autre, un obus éclate dans le village y apportant l'esprit démolisseur. Pendant ce temps, nous amenons au poste de secours ceux qui peuvent être sauvés et vers 1 heure du matin notre tâche semble terminée, nous allons prendre un peu de repos.- La nuit se termine assez calme.-

Le 24, réveil dès l'aube.- Il nous faut terminer le travail inachevé de la veille. Ce n'est pas encore mon tour de corvée et dans l'attente j'aperçois Fernand qui passe allant au boulot.- Mon équipe est désignée vers 7 heures, nous devons aller quérir un blessé qui vient d'être signalé.- Tout est calme.- Arrivé au haut du village, nous prenons une petite traverse qui arrive à la plaine.- Le Commandant Adam posté à la dernière maison surveille les bois environnants où se terre l'ennemi.- Il n'a pas connaissance d'un blessé à transporter.- Nous nous engageons délibérément dans la plaine.- Les fusils sont muets, c'est l'accalmie.- Un soldat terré dans une tranchée ne peut nous renseigner, nous allons plus avant nous rendre compte.- Un seul coup de fusil est tiré, vite, nous sommes à terre heureux de ne pas avoir été atteints.- C'est nous qui sommes visés, l'ennemi nous surveille.- La tranchée n'est plus qu'à 25 m., d'un bond, nous pouvons l'atteindre et y être en sécurité.- Mes trois camarades doivent à mon commandement se lever et se porter vers la tranchée tenant toujours le brancard en main.- Je prononce : « c'est le moment, levons-nous »,… un de nous reste couché (il s'agit de Benoît). Aussitôt, je me tourne en lui disant que nous ne sommes pas à la foire, qu'il faut se hâter.- Deuxième coup de fusil.- Je ressens comme si une petite pierre était venue avec violence heurter ma joue.- Déjà nous sommes à terre.- Il me semble qu'une sueur chaude descend sur mon cou, j'éprouve également une légère cuisson à la joue, serais-je blessé ? Ma main m'indique qu'il s'agit de sang et non de sueur.- Je crache pour m'assurer si la blessure est sans gravité.-

Tout va bien sauf qu'il s'agit d'arrêter au plus tôt cette fontenelle*17 improvisée.- Je me lève et me dirige sans coup férir au village.- Ma musette entrave ma course.- La cordelette a glissé de l'épaule et se trouve actuellement à mi-jambe.- Force est de m'arrêter et tout allongé de la remettre en place.- Le Cdt Adam se renseigne sur mon état, il m'engage à aller de suite vers le major.- C'est M. Tordo, un niçois, qui me fait placer un pansement sommaire, et ensuite me commande d'accompagner une voiture de blessés allant à travers bois à Montzéville où se tient le médecin-chef. Il me confie un blessé boche qui veut effectuer le trajet à pied.

C'est un grand gaillard qui vient d'être fortement atteint, mais qui a la volonté d'aller à pied.- La voiture ou mieux, le char-à-bancs à demi-rempli de paille, avec les blessés allongés côte à côte suit la route forestière toute crevassée qui mène d'Avocourt à Montzéville.- A l'entrée du village, nous trouvons les brancardiers qui se renseignent près de nous sur la situation du régiment.- L'adjudant brancardier en accord avec le médecin-chef me commande de suivre le combat jusqu'à Béthelainville et continuer ma surveillance sur le prisonnier.- La route est longue, et nous allons au pas.- Nous arrivons dans l'après-midi au village ; là, y cantonnent les brancardiers divisionnaires.- A notre arrivée, un quatre galons*18 surveille l'embarquement en camions automobiles et place les blessés suivant leur état.- Je lui remets en consigne mon blessé boche.-

S'apercevant que ma tête porte un bandage, le major me questionne sur la provenance de ma blessure et sa gravité. Puis il m'engage à me placer à côté du chauffeur sur le siège, et, souhaitant à tous bon voyage, il donne l'ordre du départ.- Cette fois les blessés peuvent affronter le voyage sans déplorer la rusticité de l'évacuation.- Nous allons à Verdun.- Une couronne de forts se montre à mes regards.- J'assiste à la descente d'un grand ballon captif.- Le jour baisse et on va le remiser dans un pré au bord de la route. - Déjà, les premières maisons de Verdun sont à l'horizon, on les traverse, et je peux me rendre compte de l'importance stratégique de cette ville fortifiée.-

La ville édifiée en bas d'un entonnoir, surmontée sur toutes les crêtes d'ouvrages fortifiés, donne une impression de puissance défensive.- La Meuse coupe la ville, des maisons sont construites à fleur d'eau sur le canal.- Les voitures de blessés constituent la majeure partie de la circulation.- De grandes tentes installées sur la place de la Gare ont été érigées en dortoir et infirmerie.- Dès l'arrivée, les blessés y sont déposés, à moins de cas urgents, les soins ne sont donnés que le matin à la visite.- Du bouillon est servi par les infirmières qui s'empressent de nous satisfaire.- Des camarades nous informent qu'ici, le XVème corps n'est pas "gobé"*19; on lui impute la responsabilité de la retraite de Dieuze.- Des calomniateurs sont passés par là, ils ont flétri la mémoire de ceux qui ont disparu pour toujours sur cette terre de Lorraine.- Mais leurs assertions ne peuvent émouvoir ceux qui, comme nous, avons pu juger la situation et comprendre l'étendue de la faute, qui ne peut être imputable qu'au haut commandement.- Dans la matinée du 25, la visite commence, chacun attend son tour d'appel.- Les blessés originaires du midi sont traités avec partialité.-

Ils ne sont opérés et évacués que gravement atteints ; sinon, le major les fait diriger sur l'hôpital de Verdun, et de là, sans attendre leur guérison, on les renvoie à l'ambulance divisionnaire du régiment où ils sont affectés.- Par contre les autres sont évacués à l'intérieur sans difficulté.- Majors et personnels de service n'ont aucune gêne à nous adresser des quolibets ou des remarques désobligeantes.- La différence se trouve marquée aussi au niveau de la nourriture.- Exemple : une boîte de singe à trois, et une boule de pain à six, les autres obtiennent une répartition plus équitable du pain et de la soupe.- C'est à la caserne Miribel avec bon nombre de mes camarades, que j'ai été dirigé, après la visite, vers 10 heures du matin.- A midi, m'étant absenté de la salle afin de satisfaire un besoin urgent, j'apprends à mon retour qu'un appel des hommes du XVème corps a eu lieu, et que ceux qui y ont répondu partiront dans l'après-midi rejoindre à Dombasle le dépôt du Corps d'armée.- Bien que n'étant pas désigné, je file avec mes camarades ; deux heures de train me ramènent à Dombasle. Un major divisionnaire me passe la visite.- Nouveau pansement et deux jours de repos.- Le 26 se passe sans à-coups.- Il faut s'ingénier afin de pourvoir à notre nourriture, nous couchons dans une grange où la paille paraît un peu humide.-

Le 27, à midi, je pars avec le convoi de ravitaillement rejoindre le régiment.- Arrivé à Montzéville, il me faut prendre le chemin du bois afin de retourner à Avocourt. A un croisement de route dans le bois, je rencontre un musicien du 3ème qui m'amène auprès de Fernand.- Je compte le rassurer sur mon état, mais il ignorait tout, et sa surprise et sa joie m'en sont garants.- Après une petite causerie dans ce cantonnement hospitalier, je l'embrasse et me remets en route.- A la nuit, j'arrive à Avocourt. Le village est en partie détruit, mes camarades occupent toujours la même grange, ils s'empressent de me serrer la main et de me raconter les impressions ressenties durant ces trois jours.- Nous logeons dans un coin que les obus semblent épargner.-

Au matin du 28, enrôlé dans une équipe de brancardiers, nous allons à un poste de relais, établi au centre du village, attendre la venue des blessés pour, de là, les accompagner au poste de secours. Postés au seuil de la porte, nous suivons avec anxiété les sifflements des obus.- Par huit on les entend rappliquer, j'en ai la chair de poule.- Le haut du village vient d'écoper, des obus incendiaires ont communiqué le feu aux maisons.-

Le 29, notre faction recommence, les maisons flambent encore et les boches manifestent l'intention d'opérer sur un autre pâté de maisons.- Dix obus rappliquent à la file, mais n'éclatent pas.- A la nuit, nous pensons rejoindre le poste de secours.- La route que nous suivons est martelée par l'éclatement des obus et le passage des balles.- A distance, en file indienne, de maison à maison, nous tâchons de rejoindre nos camarades.- Je ferme la marche.- Au tournant, face à la scierie, un obus rapplique.- Je suis à terre, heureusement l'obus n'a pas éclaté.- Je me suis aperçu au milieu des flammes.- Je repars en courant, cette fois-ci, l'obus éclate au devant de moi. J'aperçois le camarade Benoît environné de flammes et suis tout surpris de le trouver sain et sauf en arrivant au poste de secours.- Notre sécurité y est relative, ce coin n'a pas reçu encore visite des obus.-

Le soir, nous allons nous ravitailler dans le bois aux quatre chemins (12 kms pour aller, autant au retour). La cuisine est faite par nous dans les maisons.- A la nuit, déménagement, notre position n'est pas rassurante, nous allons à 800 m. du village camper en avant du bois dans une meule de paille.- Le matin du 30, on se réveille transis, une gelée blanche recouvre le sol et nos vêtements.- Quelques obus éclatent assez près de nous. Avec quelques camarades, nous entreprenons d'établir notre demeure sous le ponceau*20 que nous voyons sous la route.- Nous y apportons de la paille, en allant au village, main basse est faite sur des coussins et des édredons ainsi que des rideaux pour fermer les deux issues.

Nous nous trouvons à l'abri du froid et en sécurité.- Une équipe installée au poste de relais du village a été un peu émotionnée.- Un obus est tombé sur la maison.- Les deux qui faisaient le gué se sont enfuis prestement ; les deux autres furetaient la cave et il a fallu une fumée persistante pour les rappeler à la réalité.- La nuit se passe tranquillement ainsi que la journée du 1er octobre.- Le s/chef fatigué depuis deux jours couche au village.- Nos cuisiniers y font la popote et il nous faut aller aux heures de dîner prendre notre ration.-

Le 2, le médecin-chef donne l'ordre du départ ; nous allons dans le bois à la recherche du régiment.- Après plusieurs heures de marche, nous dépassons le rendez-vous de chasse dans la forêt de Hesse, et nous arrivons près du régiment.- Installés sur le bord de la route, nous attendons les événements.- Un beefsteak sur la braise et du café bien chaud vont enrayer l'ardeur de notre appétit.- Une fusillade nourrie éclate.- Sur la route, un peu de panique se manifeste car les balles la balayent et nous sifflent au dessus des oreilles.- Le Cdt ordonne à la C.H.R. de se replier.- On exécute l'ordre, coup de pied à la marmite et le soir venu, nous allons dans des tranchées inoccupées passer la nuit.-

Nous couvrons la tranchée avec des branchages, car la température est fraîche et, de surcroit, la nuit commence à tomber. Défense de faire du feu, de guerre lasse, nous attendons le jour en nous promenant.- Le 3, nous demeurons sur place.- Le secteur est calme, nous profitons pour arranger nos emplacements de la nuit.- Celle-ci se passe sans incident.- Le 4, nous demeurons là, vers le soir, départ, nous allons à Récicourt.- Nous cantonnons à minuit dans une grange mal fermée.- La pluie n'a cessé de tomber tout le long du chemin et la nuit est fraîche ; que faire sinon grelotter.- Le 5, repos.- Le 6, l'aumônier militaire dit une messe pour le repos des soldats du 141ème R.I. morts au champ d'honneur.- Dans l'après midi, revue militaire.- Le soir, je vais coucher comme planton*21 au poste de police.- Le matin du 7, je communique l'ordre du départ, direction Avocourt.-

Nous faisons halte à la ferme de Verrières et y passons la nuit.- Le 8, corvée d'eau, approvisionnement à Récicourt. A mon retour, nous apprenons le départ direction les meules de paille.- Chacun reprend ses emplacements.- Le 9, journée calme, il faut se cacher à la vue des avions pour éviter de se faire sonner.- Le 10, distribution d'effets de corps.- Quel soulagement ! Mon havresac est manquant depuis Dieuze et tout le linge qu'il contenait me faisait défaut.- Ma contrebasse est demeurée également aux mains des Boches, pendant la fameuse retraite.- Je suis le premier servi.-

Le 11, nous partons vers midi rejoindre le bataillon aux tranchées. Nous contournons la lisière du bois et à la nuit, rentrons avec lui à Récicourt.- Le 12, repos, 1er concert sur la place de la Mairie en vue de distraire les poilus (ce mot indique que la majorité d'entre nous porte la barbe). Le 13, au matin, parade d'exécution.- Dans un champ entre Récicourt et Dombasle le carré est formé par les troupes, le pilori est installé face à la colline.- Le condamné est conduit les yeux bandés, l'aumônier militaire l'accompagne et essaie de le réconforter.- Au commandement, une salve est tirée par le peloton.- L'adjudant donne le coup de grâce.- La cérémonie est achevée, les troupes rentrent musique en tête.- Concert dans l'après-midi.-

Le 14, départ, le régiment monte en ligne.- La musique demeure pour participer demain à une remise de décorations à Dombasle.- Le 15, nous nous trouvons sur les lieux de la veille avec la musique du 3ème.- Je cause avec Fernand des nouvelles reçues.- Le soir, nous percevons le bruit d'une grande fusillade, est-ce du travail en perspective ?- Le matin du 16, nous partons à travers bois et bivouaquons à la ferme de Verrières en compagnie du bataillon de réserve dans les canisses sous les arbres.- Nous les aménageons le mieux possible.- La pluie commence à tomber.-

Va-t-elle nous empêcher de dormir en paix ? Il n'en est rien, elle n'est pas de durée.- Le 17, nous continuons l'aménagement de notre canisse.- Nos cuisiniers sont installés dans la cour de la ferme, nuit sans incident.-

Le 18, Dimanche, des placards nous apprennent qu'une messe sera célébrée au camp.- En vitesse, la toilette est terminée, et avec plusieurs de mes camarades, nous nous rendons à l'endroit désigné.- Au pied d'un grand arbre, un autel est dressé, le chanoine Adam officie.- Les soldats sont venus nombreux pour écouter la parole du prêtre qui se double d'un orateur distingué.- Un brancardier chante de sa voix de baryton l'Ave Maria de Gounod et à la fin de la messe entonne la Marseillaise.- A la nuit, nous quittons les lieux pour aller à Dombasle en Argonne au repos.-

Du 19 au 21, répétitions dans le champ et concert chaque jour.- Dans la nuit du 20, nous sommes brusquement réveillés par le cri « Au feu !», en même temps Durand se précipite vers la porte, marchant sur les pieds de ses camarades, trébuchant à chaque enjambée, car nous sommes tous couchés côte à côte et face à face.- Déjà, il est dehors, l'instrument d'une main et son sac de l'autre et tout ahuri essaie de voir luire l'incendie.- Peine perdue, le feu de cheminée qui a pris naissance à l'autre extrémité du village a été éteint avant qu'il ne se développe et l'oùnelé (petit âne) comme nous l'appelons dans l'intimité, va se recoucher sous les quolibets plaisants que chacun s'ingénie à lui adresser.-

Le 21, nous donnons concert au Général de Division, le chef est chaudement félicité.- Le 22, à 16 heures, nous rejoignons la ferme de Verrières ; même emplacement.- Du 23 au 25, rien à signaler.-

Aujourd'hui à 8 heures, messe champêtre.- La cérémonie est simple et grandiose.- Le piédestal de l'autel orné de mousse, avec un terre plein où ces mots « Jésus-Christ, protégez-nous !» se détache.- Un assemblage des fleurs de champs a permis de rehausser la simplicité de l'autel.- Un harmonium nous aide à entonner les cantiques.- Le sermon du chanoine Adam est très écouté.- Au loin, le canon se fait entendre pendant que la Marseillaise clôture la cérémonie.- Peu après, la pluie tombe et vers le soir, comme elle persiste, nous couchons dans la ferme.- Le 27, à quatre heures du matin, réveil, nous allons à Béthelainville (6 kms).- Le temps demeure toujours gris et menaçant.- Concert l'après-midi sur la place de l'Eglise.-

Dans la matinée du 28, un avion boche essaie sans succès d'abattre le ballon libre qui est élevé tout près du village.- Notre artillerie tonne et nos mitrailleuses l'empêchent dans son projet ; Après-midi, concert. Le 29, à 5h. du matin, départ pour Montzéville.- Nous voyons le ballon s'élever mû par un tracteur automobile.- Nous demeurons la journée dans un champ à 1 km du village.- Le soir, nous partons cantonner à Esnes.- Le 173ème est au village, j'y rencontre Armand Garbarino.- Le 30, nous allons direction Chattancourt et passons la journée dans des tranchées en avant du village.- Le soir, traversons Chattancourt et arrivons à Cumières où nous relevons la 30ème Division.- A la nuit je suis désigné en liaison au poste de police.- Il fait noir et les idées sont tristes, car ce patelin me rappelle des souvenirs pénibles.- Le village continue à être arrosé par les obus.- La musique loge dans une grange à l'extrémité du village près du cimetière.- Le 31, s'achève sans trop d'émotion.- Le cimetière est bouleversé par les obus.-

Le 1er novembre, vers 14 heures, nous procédons devant la grange à la répartition des vivres par escouade.- Nous percevons le départ de quatre obus, nous lâchons tout et nous précipitons dans la grange.- Elle s'emplit de fumée, des éclats s'incrustent au mur, ou dégringolent sur le toit.- Il s'agit de 200 percutants qui viennent d'éclater.- Nous n'avons pas de mal mais notre emplacement n'est pas sûr, aussi vidons-nous les lieux pour aller à l'extrémité du village, attendant des ordres pour savoir où nous allons héberger.- A la nuit, revenons à Chattancourt.- La grange qui nous est désignée est petite, tant bien que mal, nous nous casons.- Une remarque est faite, la porte est tournée face aux boches.- Dans la nuit, une série d'obus rappliquent au village.- Un des éclats vient cogner fortement notre porte.- La nuit s'achève tranquille.-

36

Le 2, j'assiste au village à la messe dite des morts, et à la procession dans le cimetière. Le chanoine Porcier me demande et je m'entretiens avec lui des amis du Cercle.- C'est Deperaz qui l'a conduit près de moi.- La musique s'est renforcée avec des recrues puisées parmi les territoriaux.- Benezech et Caste sont du nombre dans l'escouade et se révèleront de bons camarades.- Le 5, répétition.- Le 8 je vais à la messe dite dans une maison, car l'église est occupée par le service sanitaire et transformée en hôpital.- Le soir, nous cantonnons à Esnes. Du 9 au 11 inclus, aucun travail ne nous est demandé.- Il est défendu de jouer car les lignes sont toutes proches.- Au ravitaillement, on nous sert du jambon, fromage et un quart de vin supplémentaire.- La journée du 11 est un régal.-

Le village a été épargné jusqu'à ce jour, les obus tombent aux alentours.- Dans la journée du 12, le 3ème R.I. vient nous relever ; je vois Fernand et lui souhaite bonne chance.- Nous allons à Dombasle.- Du 13 au 15 inclus, concert au logis du Général toutes les après-midis.- Le 22, dans l'après-midi, nous allons aux approches de Récicourt dans un champ à une parade d'exécution.- Un nommé Bernard de Grasse, à qui on reproche le cas de désertion face à l'ennemi, est passé par les armes.-

Il faut le traîner jusqu'au poste d'exécution.- Cérémonie peu attrayante, l'adjudant qui doit donner le coup de grâce doit se reprendre à deux fois pour l'occire.- Nous restons avec Fernand quelques instants avant de revenir à Dombasle.- Le 23 au matin faisons route pour Récicourt.- Autre cérémonie : Nous accompagnons au son d'une marche funèbre l'enterrement d'un lieutenant du 141ème R.I.- Ce dernier en traversant en voiture le passage à niveau a été pris en écharpe par le train, il est broyé.- Les musiques du 141ème et 3ème fusionnent pour la circonstance et jouent la marche classique de Chopin.- Une voiture ambulance fait l'office du corbillard.- Le service terminé, nous revenons à Dombasle.-

Le 24, la neige est tombée (10 cm environ) et la température s'est adoucie.- Le 25, la pluie lui succédant a transformé les rues en bourbier.-

Jusqu'au 26, nous donnons répétitions et concerts.- Le 27, nous sommes sur le « qui vive ».- Le Président de la République doit passer sur la route de Récicourt à Dombasle et s'arrêter au village (siège de la division).- Fernand est aux premières loges, son cantonnement est à Dombasle.- Le 28, répétition et concert.- Le dimanche 29, j'assiste à la messe de 11 heures.- Giuglaris est à l'harmonium et Polleri joue du violon.- L'après-midi, je vais aux vêpres, ainsi la journée se trouve employée.-

Le 4 décembre, nous retournons à Récicourt, nous continuons à nous relever tous les quatre jours avec le régiment du 3ème R.I.- Vers le soir, on entend une recrudescence d'activité sur le front.- Des bruits circulent que les boches attaqueraient au devant du 141ème R.I. ; notre tranquillité s'en trouverait compromise.- La nuit arrive, il faut tâcher de se reposer.-

Le 7, à deux heures du matin, des équipes désignées doivent se rendre au bois de Malancourt ; la 5ème compagnie du régiment a été éprouvée.- Une tranchée a sauté et l'attaque s'est déclenchée.- De nombreux blessés sont à évacuer.- La pluie persistante et continuelle a transformé en un bourbier le chemin que nous devons suivre.- La marche est pénible, des arbres placés en long sur la route du bois permettent à un homme non chargé d'éviter de s'embourber.- Mais comment faire avec un blessé à transporter ?- Il arrive que l'une de nos jambes s'enfonce jusqu'à mi-genoux dans ce cloaque, et deux bonnes minutes sont nécessaires pour se dégager sans renverser le blessé.-

Avant de trouver un terrain résistant, 500 mètres doivent être franchis.- La même équipe ne peut effectuer que deux voyages.- La musique du 3ème R.I. est venue nous aider, je rencontre Fernand.- Nous constatons l'éclatement d'obus sur une partie du village.- Dans la soirée, nous quittons Esnes pour nous rendre à Brabant au repos.- Du 14 au 19 inclus, répétitions et concerts.- Le temps est toujours pluvieux et les rues sont boueuses.- Le 20, départ, nous allons au rendez-vous de Chasse.- En prévision d'un séjour sur place, nous occupons la journée à édifier des guitounes*22 avec des branches et du feuillage.- A la nuit, l'ordre arrive d'aller cantonner à Parroy.- On y arrive à minuit, vite, un peu de café, du beefsteak sur la braise et ensuite, on pense au dodo car la fatigue se fait sentir.- Le ravitaillement est distribué et l'on s'endort.

La neige ne cesse de tomber ; si nous continuons à hiverner dans le bois, notre Noël sera bien triste.- Dans la soirée du 23, nous apprenons que nous rejoignons Brabant.- Cette même journée, notre équipe (Giuglaris, Blanc et Estrayer) avait été désignée pour suivre le bataillon, nous avions donc confié nos instruments à nos collègues et en échange, pris un brancard.- Le bataillon à la relève fila sur Brabant sans passer par le rendez-vous de Chasse ; et nous arrivons à la nuit à Brabant.- Là, nous dénichons le logement affecté à la musique, mais notre surprise est grande, nos instruments sont au Rendez-vous de Chasse et le 24, après le concert, le s/chef nous donne l'ordre d'aller les chercher.-

La soirée est belle, et notre désir est de pouvoir rentrer au plus tôt afin de réveillonner et d'entendre la messe de minuit.- Nous passons à Parroy.- Un moment d'arrêt pour dire bonjour à Fernand.- Je voudrais bien accepter de réveillonner avec lui mais nous devons nous grouiller afin d'être avant la nuit au rendez-vous de chasse.- A 19h30, nous sommes de retour avec les instruments.- Nous réveillonnons en attendant minuit.- Avec plusieurs de mes camarades, nous remplissons notre devoir de chrétiens.- L'église regorge de monde presque tous militaires.- Le 25, l'ordre arrive à la musique de se rendre à Récicourt où sous la direction de Guillon, le 3ème et 112ème réunis, nous participerons le lendemain à une remise de décorations.-

Le 31, je communie avec mes amis, Roland et Depéraz du Cercle catholique.- Nous obtenons du ravitaillement un gigot de mouton (veillée du 1er de l'an).- Nous commençons l'année 1915 par un petit régal (jambon, petits pois, côtelettes de cochon sur pain grillé, pommes de terre soufflées, fromage, noix, figues, mandarines, pommes, un litre de vin à chacun.- Champagne.- Le soir, à la chinoise, en rond sur la paille, un concert est organisé, on trinque à la paix que nous espérons prochaine.-

Le 2, concert.- Le 3, notre chef, M. Peyraud, nous rejoint, sa blessure l'oblige à battre la mesure avec la main gauche.- Du 4 au 10, répétition et concert.- Nous apprenons que dès demain une corvée de balayage nous est confiée.- Des balais sont improvisés et suivant une charrette attelée, le nettoyage des rues s'opère.- Dès 7 heures du matin, le 11 janvier, nous sommes à parcourir les rues et rentrons à 10 heures pour déjeuner.- L'après-midi, répétition et concert ; même horaire de travail du 12 au 17 inclus, température fraîche ; des sabots sont distribués pour endurer plus bravement le froid.- Où nous le ressentons durement, c'est durant le concert.- Les pistons sont gelés dès qu'ils se trouvent au repos, et nous devons insuffler notre chaleur dans l'instrument durant les mesures de silence afin de les avoir toujours prêts à fonctionner ; des gouttelettes de glaçon pendent aux clés des clarinettes.- Le concert dure une heure et les morceaux à interpréter nous obligent à une application suivie.- Le givre recouvre nos moustaches aussi souhaitons-nous vivement la fin du concert.-

Au soir, une demi-heure après nous être couchés, nous percevons le cri de « Au feu ! ».- Vite, nous sommes sur pied.- La grange qui faisait notre vis à vis est en flammes.- Chacun s'empresse d'enrayer les progrès du feu, et d'éviter que les maisons voisines n'écopent.- La grange ne peut être sauvée.- Les artilleurs qui y sont cantonnés n'ont pu sauver trois chevaux, le feu a pris naissance à l'écurie.-

A 4 heures du matin, nous allons nous recoucher.- Les ordres nous parviennent plus sévères, aucune bougie à l'air libre n'est tolérée, et les lanternes sont inexistantes.- Une fois la nuit venue, en suivant strictement les ordres reçus, chacun de nous doit demeurer dans l'obscurité.- Des rondes sont établies pour surprendre les contrevenants.- Du 18 au 21, même travail.- La neige a fait son apparition et recouvre le sol.- Au soir, nous achevons notre repas à proximité de l'entrée de la grange, la porte était fermée pour nous conserver le plus de chaleur possible.- Une bougie placée sur une saillie du mur éclairait faiblement le contenu de nos assiettes.- La table était sur le point d'être desservie, chacun assis à terre.- L'assiette tenue par la main gauche, nettoyée activement avec du pain devait se placer d'un mouvement machinal dans la musette placée en bandoulière.- Notre cuisinier, Bottin me demande un instant de garder la bougie afin de lui permettre d'ouvrir la lanterne pour l'y placer.- Sous une brusque poussée, le Cdt Adam pénètre dans la grange et s'avance vers moi tel un lion ; et sans me permettre de m'expliquer, il me demande mon nom et me prévient que j'aurai de ses nouvelles.- Je suis d'autant plus penaud que j'étais un des seuls de l'escouade à m'opposer à ce que l'on tienne la bougie à l'air libre.- Je m'attendais à être puni mais j'en ai été quitte pour la peur.-

Du 24 au 1er février, même travail.- La pluie et le mauvais temps persistant contribuent à nous faire supprimer les concerts.- Nous avons dans le régiment beaucoup d'hommes qui reviennent des tranchées les pieds gelés.- Une lettre qui me parvient en date du 13 m'annonce le décès de ma tante Marie. J'en suis d'autant peiné que j'ignorais tout de sa maladie, et j'étais loin de penser à ne plus la revoir.-

Le 20, un de nos camarades, Joulé stationnait sur le seuil de la porte.- Le Commandant Adam passant en tournée d'inspection, se précipite sur lui et tout en l'invectivant, prend les deux bouts du cache-nez de manière à lui serrer le cou.- Je dois ajouter que le rapport faisait mention il y de cela quelques jours, de la défense du port du cache-nez dans la rue.- Cette façon d'agir ne pouvait servir qu'à prouver un zèle intempestif et une façon d'agir peu correcte, car aucune défense ne nous était faite de porter le cache-nez au cantonnement.-

Le 28, Fernand ainsi que convenu vient avec un camarade photographe me trouver et nous posons devant l'appareil.- Ce jour là, j'avais la chique et l'objectif oublia de me la dissimuler sur les photos.- Du 28 au 10 mars, même programme.- Le 11 mars au matin, nous allons cantonner à Esnes.- Notre tranquillité morale va disparaître car nous serons bien rapprochés des lignes et il est difficile de prévoir notre vie à venir.- Nous cantonnons au château dans une chambre du 1er étage à gauche, et à l'aile du bâtiment.- Un peu de paille étendue va assurer notre couche.- Le canon tonne et par moments des obus rappliquent aux alentours du village.- La nuit s'achève paisiblement, notre premier ennemi a été le rat.- On dirait qu'un régiment est en train de rouler des barriques, et que, par moment, une barrique nous bouscule et nous force à changer de place.- Mon nez sert de promontoire au "Colonel" *23 qui dirige la manœuvre.-

Notre couverture nous préserve la figure du premier contact avec ces compagnons de fortune.- Dès demain, nous penserons à livrer bataille et durant la nuit à en exterminer le plus possible.- Gare à nos musettes et aux vivres.- Du 12 au 20 mars, la répétition a lieu dans notre chambre car il nous est défendu de nous montrer pour éviter que les avions ne repèrent notre présence.- A la nuit, nous installons des seaux pleins d'eaux, une planche permet aux rats d'y accéder et on en attrape ainsi en moyenne quatre par nuit.-

Le jeudi 18, concert en présence du Général Garbillet.- Au programme, Samson et Dalila, l'Arlésienne, la valse Très-jolie et une chanson « Pour la patrie, Pour la France ».- Le Général, enthousiasmé, félicite le chef et nous fait distribuer des cigares.- Il considère la musique comme la meilleure de la division et nous annonce qu'à notre entrée prochaine à Strasbourg, nous serons des premiers à nous faire entendre.-

Le 28, jour des rameaux, nous avons travaillé de 7 heures à 10h1/2 et de 12h1/2 à 17 heures à refaire la bordure du trottoir devant l'entrée du château et niveler une partie du chemin qui s'était affaissée.- Nous remplaçons avantageusement un cheval pour traîner un rouleau (en bois) que nous avons amené sur la route avec grand-peine.- Mais des chevaux viennent à passer une fois notre travail terminé.- Mieux que le rouleau, leurs sabots s'enfoncent et piétinent le sol que nous venons de niveler.- C'est à recommencer.- Ne désespérons pas, après le balayage, l'arrosage, puis l'empierrage, quelle occupation va-t-on nous demander ?... L'avenir nous le dira.- Depuis notre arrivée au village, nous prenons nos repas chez la femme du garde-champêtre, Mme Colignon, à laquelle nous apportons notre ravitaillement.-

Le vendredi saint 2 avril, nous préparons l'aïoli.- Elle nous fait cuire des betteraves, carottes, pommes de terre, morue.- On s'est bien régalé et nos hôtes l'ont dégustée avec plaisir car ils ne connaissaient pas ce mets.- Le 4, jour de Pâques, je communie, l'église est bondée, et nombreux sont les camarades qui ont rempli leur devoir religieux.- Depuis près d'une semaine, la pluie ne cesse de tomber, les rues sont devenues tellement boueuses qu'on appréhende de les traverser.- Nous donnons toujours concert à Montzéville deux fois par semaine.- Le 15, le programme porte l'ouverture des Deux Roses, le Petit Duc, l'Arlésienne.- Le Général Garbillet, satisfait, nous offre le vin chaud et des cigarettes.- Le 17, en compagnie de Roland et Déperaz, nous mangeons à nouveau l'aïoli. Bonne journée.- Fernand est trop éloigné de nous pour lui offrir à partager le repas.-

Le 5 mai, un obus tombe aux alentours du château, deux soldats sont blessés, peu gravement.- Le 7, nous changeons de cantonnement et allons sur la vieille route de Montzéville occuper une grange.- La salle que nous occupions au château est transformée en école pour les enfants du village.- Le 9, on installe une scène de théâtre dans la grange qui sert à nos répétitions.- Le 13, pendant l'étude, un élève musicien nommé Joulé, est pris d'un malaise subit en jouant du piston. Transporté à l'infirmerie, il meurt dans la journée des suites de la rupture d'un vaisseau sanguin provoqué par le filage de notes aigues.- Une collecte permet d'offrir une couronne et les obsèques ont lieu le 14 à Montzéville.- Afin de nous y rendre, nous longeons la lisière de la forêt bordant la route d'Esnes à Montzéville.- Un chasseur de moineaux vint à tirer un coup de fusil.- Le coup passa si près que je puis m'autoriser l'expression « mon chapeau tomba et je fis un écart en arrière ».

Le 20 mai, inauguration du théâtre dénommé « Palace poilu ».- Le Général de division, les deux généraux de brigade sont présents.- En vedette, nos artistes : Frémont (fin diseur), Raynard (chanteur à voix), Pallacio (militaire), Zetty (clown), Frontin (chanteur de genre). Soirée de bonne rigolade pendant laquelle nous oublions que nous ne sommes qu'à 3 kms des lignes à vol d'oiseau.- Le 23, un de nos collègues, Mandron,

43

clarinette, est évacué reconnu atteint par la cérébro-spinale.- De suite nous sommes consignés, notre gorge va être désinfectée chaque jour.-

Le 2 juin, un bactériologiste de l'Armée nous arrive.- Il prélève sur chacun de nous de la salive.- Une tente est dressée dans le jardin attenant au cantonnement ; mais jugeant pour ma part que les ordres reçus n'étaient donnés que par excès de prudence, avec quelques uns de mes camarades nous continuons à coucher au cantonnement.- Dans la matinée du 3, vingt neuf avions passent sur nos têtes, allant excursionner les lignes ennemies.- Leur nombre est imposant et du côté boche, la canonnade grandit au fur et à mesure de leurs approches.- Nous voyons les obus éclater de tous côtés de nos avions. Ils ont mission de bombarder le grand quartier général de Kronprinz à Montfaucon.-

Le 4, les boches en revanche gratifient le village de quelques obus (dégâts matériels).- Du 5 au 23, nous demeurons consignés ; personne n'est malade et l'appétit n'en est que meilleur.- Nous apprenons à la lecture des journaux que l'Italie est entrée en lice, et nous osons espérer que son intervention décidera de l'issue heureuse de cette guerre.- Ce matin, 23, la consigne est levée ; nous allons donner deux concerts par semaine à Esnes.- Le service de balayage reprend ; depuis une semaine, nous comptons un ennemi de plus que nous devons combattre : c'est un parasite ennuyeux et gênant qui s'attache à notre personne et avec lequel nous allons entreprendre une lutte continuelle et sans merci, il a nom « le pou des tranchées ».-

Le 15 juin, j'apprends que Fernand cantonne à Récicourt (13 kms d'Esnes), je ne sais quand il me sera permis de le voir.- En attendant il m'est donné souvent de m'entretenir avec Roland et Déperaz afin de causer de Nice et des nouvelles reçues de nos amis communs.- En vue de lutter plus efficacement avec nos parasites, nous pensons à nous créer des lits suspendus.- Quatre gros clous placés à distance aux soupentes, du fil de fer résistant et deux branches longues et solides formant bâton, deux sacs de farine (vides bien entendu) vont nous improviser un hamac.- Ainsi plus de paille pour litière et propreté plus grande.- Dans la journée le lit est plié, car nous pouvons le transformer à notre guise.-

44

Le 258ème RI vient d'arriver à Esnes, c'est un régiment de réserve. Le 11ème R.I. cantonne à Montzéville. Je revois des camarades dans ces deux régiments.- Le 4 juillet, une lettre de mes parents m'informe de la mort au champ d'honneur de mon cousin Victor Romion de Levens.- C'est le premier de la famille que la guerre a fauché.- Ma peine est immense en comprenant le désespoir d'Oncle et de Julie.- Que Dieu ait son âme !

Le 18 juillet, je rencontre à Esnes sous l'habit militaire du 258ème R.I., un surveillant de la mairie nommé Carlon, ainsi qu'un des fils Corniglion.- Lanteri m'accompagne et nous trinquons à la dive bouteille.- Une lettre de mes parents m'annonce qu'Emilie vient d'obtenir son Certificat d'Etudes, je suis bien content.- Le 25 juillet, le régime des permissions (6 jours) entre en vigueur.- Le sous-chef est le premier à partir.- Quand pourrai-je obtenir cette faveur ?- Nous sommes tous du début, les premiers à partir sont les mariés avec ou sans enfants. Si la signature de la paix arrive avant je n'en serais nullement fâché.- Le 16 Août, nous assistons à la distribution de prix aux enfants de l'Ecole.- Certains récitent des fables, une représentation théâtrale est offerte aux parents et aux élèves, la musique se fait entendre aux entractes.- Le 1er septembre, la troupe théâtrale interprète avec brio « l'Anglais tel qu'on le parle ».

Le 12 septembre, anniversaire de la victoire de la Marne, repos ; nous préparons avec Bottin, notre cuisinier chef, « des Raviolis ».- A cet effet, nous avons acheté 1 kg de farine et des œufs. Le singe remplacera la daube, les feuilles de betterave la blette, ail, oignon, poivre, fromage, sauce aux tomates, un seau de vin pour les faire glisser.- Une bouteille a servi à étirer la pâte.- Avec un peu de peine, nous avons pu satisfaire notre envie ; nous les avons trouvé succulents. Le 18, dimanche, nous mangeons des gnocchis, mais notre préférence demeure aux raviolis.-

Le 2 octobre, la pluie commence à tomber ; c'est l'hiver qui approche et nous envoie le mauvais temps pour s'annoncer.- Le 1er novembre, nous chantons avec plusieurs de mes camarades une messe en musique (à trois voix). Le 16, la neige fait son apparition, température basse.- Le 18, remise de décorations à Esnes et l'après-midi concert comme à l'ordinaire (tous les jeudis et dimanche). Le 22, j'obtiens du chef de musique la permission de me rendre à Béthelainville passer la journée auprès de Fernand. Après 1h 15 de marche, j'arrive à son cantonnement. Bonne journée, à la nuit, je rentre à Esnes.-

La Noël et le jour de l'An sont fêtés par nous avec un meilleur ravitaillement.- En ce qui me concerne, je remplis mon devoir de chrétien. Le 3 janvier 1916, je vais revoir Fernand et passe la matinée avec lui. Le 5, le 67ème Régiment territorial vient cantonner à Esnes, sa musique nous gratifie d'un concert. Le 7, l'ordre arrive de commencer la construction d'un abri destiné à la musique et qui servira de refuge en cas de bombardement.- Nous allons donc chaque matin ayant en main soit le pic, soit la pioche, travailler à édifier cet abri.- Ce travail est en sus du service des balayages et des concerts.- Le dimanche également nous devons nous atteler à la besogne.-

Le 13 janvier, le major nous invite à aller le trouver, et nous inocule le vaccin contre la fièvre typhoïde.- Je ne m'en ressens pas trop, par contre des camarades ont été bien souffrants durant près de 3 jours.- Le 22, je vais retrouver Fernand, il est impatient de partir en permission ; son tour est arrivé et demain sonnera cet heureux jour.- Je dois me contenter de le laisser aller seul, embrasser ceux qui nous sont chers, mon tour est fixé au mois prochain ; pourvu que rien ne vienne entraver le départ.-

Le 12 février, je reçois la visite de Fernand et de Baccigalupi, son copain ; nous dinons ensemble et causons des bonnes journées passées à Nice et de la santé de nos parents et amis. Mais ce qui fait l'objet de notre conversation, c'est le bruit qui circule depuis près d'une semaine de la suspension momentanée des permissions. Déjà, dès l'avant-veille, le chef de musique nous a commandé de travailler sans arrêt à terminer notre tranchée-abri.- Les habitants du pays nous ont averti que le sol recouvre les canaux d'irrigation alimentant la source du village et que notre tranchée sera inutilisable ; néanmoins, nous poursuivons notre travail, jusqu'à ce que force nous vient de nous arrêter, l'eau commence à s'infiltrer.-

Sommes-nous à la veille d'une attaque, toutes les mesures prises le laissent prévoir.- Mon départ en permission est fixé à demain, 13 février, est-ce qu'il me sera permis d'en profiter.- J'attends impatiemment le rapport du soir qui me fixera si la suspension des permissions est officielle.-

Ainsi que je le supposais, mon départ est renvoyé à une date ultérieure, les Boches préparent une attaque : tout le monde doit être à son poste de combat.- Soyons optimiste et attendons les événements prochains ; il me sera permis d'en raconter davantage à ma prochaine venue à Nice.- Le 14, le 67ème territorial part et le soir, le 47ème territorial le remplace. Ces deux régiments sont venus travailler à construire des tranchées de retranchement. Le chef qui dirige la musique de ce régiment est un ancien copain du nôtre. Durant une de nos répétitions, il entrebâille la porte de la grange et sans aucune présentation, il l'appelle fort du prénom d'Albert.- Cette façon de faire, par trop cavalière, déplaît à notre chef, lui si fier de son naturel, mais il dut sourire et ne pas le montrer.- Cela nous a fort amusé.- Depuis deux jours, les avions sont très actifs.- Le 17, durant notre concert, l'éclat d'un obus tiré sur notre avion vient frapper notre grosse caisse, j'étais à côté et c'est pur hasard que personne n'ait été blessé.-

Le 19, notre tranchée-abri a déjà près de 20 centimètres d'eau.- Il y a quatre jours qu'elle est terminée et l'on nous commande d'essayer de la vider.- Le concert du 20 ne peut se terminer, les avions ennemis étant constamment signalés venant vers nous.- Au programme, nous donnions Le Roi l'a dit, Louise et le ballet d'Isoline.-

Le 21, nous sommes alertés, seule la musique demeure près du poste du médecin-chef dans le village.- Nous prenons à tour de rôle la garde au poste de police, c'est bien la première fois que m'incombe cette fonction.- La musique va cantonner dans les caves du château. Dans la journée, craignant le bombardement du village, l'ordre arrive d'évacuer tous les habitants civils (scène triste et poignante).- Beaucoup auraient ainsi affronté les événements, plutôt que de quitter leur logis, et ils ne partent que contraints et à regret.- Que j'aurais aimé pouvoir faire comme eux, aller vers l'arrière.- Si au moins j'étais autorisé à me faire remplacer par un d'entre eux.- Mais nous sommes compris parmi ceux qui doivent montrer bonne contenance au devant du danger.- Le soir, on me relève de garde.- Jour et nuit les boches envoient sur les emplacements supposés de batteries, des obus de tous calibres.- Une batterie de 150, placée à 200 mètres en avant du château, reçoit obus sur obus sans pour cela être repérée.- Nous dormons sur une oreille et constamment sur le qui vive dès le départ et l'éclatement de l'obus.-

Le 22, le bombardement continue, le soir je prends la garde et à la nuit mon tour arrive d'être sentinelle devant les armes.- Une salve de quatre obus est perçue : je comprends que c'est pour le village, voilà les premiers obus destructeurs depuis le début de l'offensive.- Certains dépassent Esnes. Je me doute que c'est Montzéville qui écope. Le lendemain 23, nous apprenons que 80 obus sont tombés sur ce village. Béthelainville a eu sa part.- Nous allons être sous peu arrosés.- A Esnes, tout le monde couche dans les caves et les troupes en réserve dans des abris.- Vers 16 heures, un obus tombe sur une tranchée-abri, coût : 7 morts et 10 blessés.- Les troupes reçoivent l'ordre de réintégrer le village et d'y occuper les caves.- A 2 heures, je suis relevé de la garde et en courant, me dirige sur le château, il n'est pas prudent de stationner dans la rue du village. L'artillerie ennemie ne cesse de mener un tir intensif et soutenu sur les batteries et les croisements de route, empêchant le ravitaillement d'arriver.- A la distribution, nous ne touchons que la moitié des vivres et ceux qui assistent à la corvée ne sont pas à la noce.- Fernand vient me trouver il est de passage avec deux équipes du 3ème et il va se rendre au centre 18, afin d'être plus prêt à parer à toute éventualité.- Je lui souhaite bonne chance et d'être prudent dans l'accomplissement de ses fonctions.-

48

Notre cave a été mieux aménagée, nous avons placé deux couchettes superposées et une à fleur de terre, les rats ont dû évacuer la cave.- Notre chef de musique s'est réservé un emplacement spacieux et y a transporté son lit.- Les musiciens couchant dans la partie de cave qu'il occupe ne doivent ni ronfler, ni tousser longuement, ni parler ni même être tenus de se lever la nuit.- Il ne faut pas troubler messire dans son sommeil.- Heureusement j'ai pu éviter d'être du nombre de ces musiciens et il me serait agréable, tout en usant de sa qualité de gradé, de le voir faire un geste permettant de faire taire le canon et nous laisser en tranquillité terminer la nuit.-

Le 24 à 16 heures, deux obus viennent écorner la base du château et faire une brèche au mur de notre cave.- Vite, il faut réparer et combler le trou, l'épaisseur de la muraille a résisté à l'obus destructeur.- Dans la journée, des pierres et des matériaux sont transportés aux pièces du rez-de-chaussée afin d'augmenter la résistance des voûtes si un obus venait à pénétrer par une fenêtre avant d'éclater.- La nuit venue, nous charrions des rails sur la façade de l'immeuble, qui a reçu la veille trace des obus et les accotons l'un près de l'autre tout en garnissant l'espace vide avec des pierres, des cailloux et de la terre.- Ce travail va nous demander au moins une semaine, mais nous aurons ensuite grande chance de sécurité.-

Le 25, deux obus écornent le château dans la partie haute.- Le 26, plusieurs obus tombent sur le village et particulièrement sur la cave occupée par le 3ème R.I.- Personne n'a eu de mal, nous leur offrons l'hospitalité pour la journée.- Le 27, bombardement continuel, un obus frappe au pied du château et fait du jour à notre cave.- Nous nous empressons de reboucher et d'activer le travail de consolidation.- Le 28, un autre enlève la toiture, aile droite du château.- Le 29, le tir est toujours actif; le soir, je suis de ravitaillement.- En compagnie du Caporal d'ordinaire, munis de seaux et de sacs, nous allons chercher nos victuailles.- Les voitures sont placées à la porte de notre ancien cantonnement.- Trois coups de canon, c'est pour nous !- L'éclatement a eu lieu à 150 mètres dans le champ. Un peu d'énervement a succédé à la peur, et l'on se dépêche, sans encombres, nous rentrons, car le tir est concentré à la sortie du village allant à Béthincourt et à celle menant à Montzéville.-

Le 1er mars, les obus se succèdent, nos batteries encaissent sans broncher ; le soir, étant aux feuillées*24, les éclats d'un obus m'environnent. Vivement j'abandonne le poste d'observation, tout en retenant mes pantalons dans la course.- Depuis plusieurs jours, nous ne pouvons aller à la forêt pour la provision du bois de cuisine, aussi le puisons-nous dans la charpente du château et le plancher des soupentes.-

Du haut de ce promontoire, en nous dissimulant, nous pouvons observer le bombardement intensif que reçoivent nos batteries de 120, au lieu-dit « les peupliers ». Durant des heures entières, un nuage épais demeure sur ces lieux où l'enfer est déchaîné.- Le 12 mars au matin, les boches attaquent le 1er bataillon du 141ème R.I. en position à Béthincourt. La nuit venue, notre devoir de brancardier s'impose.-

La route est bien arrosée mais les voitures parviennent encore au village.- Une équipe de brancardiers de notre régiment a été fauchée dans l'abri qu'elle occupait.- Parmi eux se trouvait Rousseau (ancien baryton classe 10).- Ce pauvre garçon a été tout déchiqueté.- Fabroni (ancien baryton classe 10 également) y a trouvé la mort.- La nuit est noire, les fusées seules nous éclairent.- Les artilleurs boches se reposent, tant mieux !... Je crois que chacun doit se grouiller, dans chaque camp, à relever ses morts et ses blessés.- En vitesse nous terminons notre travail et sans encombres rentrons à Esnes.-

Au matin du 13, notre équipe est désignée avec deux équipes de brancardiers divisionnaires à l'effet d'établir un relais au lieu-dit « les peupliers ».- L'artillerie boche est à nouveau en activité, l'endroit où nous devons stationner se trouve arrosé en conséquence.- Nous arrivons et occupons des abris à proximité de la route ; abris que les artilleurs viennent d'abandonner.- A trois heures de l'après-midi nous faisons causette avec un artilleur venu pour chercher ses effets et son havresac.- J'étais assis avec Rebuffel sur un escalier de terre placé au fond de l'abri.- L'artilleur était debout au milieu de la pièce tournant le dos à l'entrée, et à sa droite se tenait Gandolphe.- Polleri causait avec les brancardiers divisionnaires dans un abri voisin.- Nous percevons un bruit sourd et tout aussitôt avec Rebuffel, une vision nous apparaît : l'artilleur a disparu, des cris sont perçus.- Gandolphe est, si l'on peut dire, muré entre les parois de l'abri et les poutres ainsi que la terre qui viennent de choir du plafond.- En vitesse nous le dégageons, il n'a aucun mal, mais il n'en est pas de même de l'artilleur.- Avec beaucoup de précaution nous retirons le blessé des décombres et aidés de Polleri qui est accouru nous le portons sur un brancard et de suite filons sur Esnes.- Nous arrivons et afin de nous reposer de l'émotion, une autre équipe est chargée de nous remplacer.

Le 16, un obus a réussi à tomber dans la cour du château à 1m50 de l'entrée de la cave ; tout juste à son passage a-t-il effleuré le toit. Deux blessés à la C.H.R. en est le résultat.- Pour y parer, nous construisons un parapet, protège-éclat.- Notre cuisine a souffert, les marmites sont transformées en passoires.- Ce soir, impossible de faire la soupe.- Fernand est installé dans une cave au bout de la rue allant à Béthincourt, chaque jour je m'ingénie à le voir, et de son côté il fait de même.- Le village a bien souffert des obus, le clocher de l'église est tombé.-

Jusqu'au 21, nous ne sortons de la cave que pour aller au ravitaillement, le tir des obus reçus va en progressant.- Les obus qui détériorent le château nous procurent le bois nécessaire à chauffer les aliments.- Le 21, nouvelle attaque.- Du fait de la défection du 258ème et du 11ème R.I. au bois de Malancourt, tout le bois a été occupé par les boches.- Aussitôt la nouvelle connue, les mitrailleurs au repos vont se poster au haut du village d'Esnes de façon à commander la plaine et arrêter toute progression.- Dans la journée nous allons relever des blessés au bois de Malancourt.- Le boyau qui nous y amène est pour ainsi dire impraticable.- Construit en droite ligne, sur un assez long parcours, il est pris en enfilade par les mitrailleuses boches juchées au haut d'un arbre.-

Il faut nous réfugier dans un boyau latéral en attendant la cessation momentanée du tir.-

Deux volontaires, Boin et Benoît essaient d'arriver au Commandant de Cie mais doivent rebrousser chemin.- Avec les brancardiers divisionnaires, ils retournent à Esnes renonçant à aller plus avant, et ramenant des blessés qui ont pu arriver jusqu'à nous.- Avec Crespin, après avoir attendu en vain leur retour et essayé à plusieurs reprises d'aller plus avant, nous revenons sur nos pas comptant retrouver nos camarades dans un boyau arrière du nôtre.- Bernique, ceux-ci étaient partis depuis longtemps. Sur ces entrefaites, un officier blessé nous demande de l'aider à rejoindre le village, n'ayant nous dit-il plus la force d'y aller tout seul.- Nous arrivons deux heures après nos camarades, et goûtons au dîner sans grand appétit, tant nous sommes surexcités.-

Le 21, nous partons avec des équipes de brancardiers divisionnaires (en tout 22 équipes) pour Haucourt où de nombreux blessés sont signalés.- Un sergent divisionnaire conduit la colonne. Nous quittons la rue de Béthincourt et enfilons l'entrée du boyau d'un pas rapide.- Par moments nous trouvons de l'eau qui y séjourne, puis en progressant nous découvrons 10 puis 15 cm.- Avec quelques uns de mes camarades nous montons sur la tranchée et y suivons la marche de ceux qui conduisent le train dans la tranchée.-

Un soldat que nous croisons nous indique qu'à un endroit le boyau a 1m30 d'eau.- Ceux qui ont continué pourront bientôt aller à la nage.- Nous approchons de la ''bastionnade''*25 mais aucun brancardier divisionnaire ne nous a rejoints. Continuant notre marche, nous traversons sur un ponceau disjoint, le ruisseau large, raviné par les obus et approchons du village d'Haucourt. Des soldats entendant marcher ont mis le nez hors du trou où ils sont blottis et nous renseignent sur l'emplacement du poste de secours. Tout au bout de la grand' rue nous apercevons un trou (entonnoir) entre deux maisons ; c'est un obus de 380 qui l'a creusé, on pourrait facilement y caser une prolonge*26 et des chevaux. Nous arrivons au poste de secours, il est encombré de blessés. Il nous faut attendre que les derniers soins leur soient donnés avant de songer à nous mettre en route en même temps que nous sommes tenus d'attendre l'accalmie qui suit toujours le tir en rafale des obus.

Les brancardiers divisionnaires se sont évaporés, seuls les musiciens-brancardiers ont suivi et il nous faut compter sur nous-mêmes. La traversée du village s'opère sans bruit. Des camarades au poste de secours nous ont prévenus d'avoir à nous méfier au carrefour, c'est le coin dangereux ; un coup de collier et le voilà franchi. Autre point critique : la "bastionnade".- L'opération est délicate, la passerelle ne permet le passage qu'à un homme seul de front, elle se trouve mordillée par les éclats d'obus.- Nous portons le blessé à bras.- Un va devant pour prévenir si le pied peut se poser sans danger, l'autre suit derrière en cas de défaillance.- On trébuche, les pieds prennent l'eau, après maints efforts l'obstacle est franchi.- Certaines équipes sont passées par-dessous la bastionnade.- Si les boches nous avaient sonnés que serait-il advenu ?- Maintenant, nous longeons le boyau qui va nous conduire à Esnes.- Encore 5 kms à parcourir dans un terrain clairsemé de trous d'obus pendant une nuit noire.- Durant ce trajet le pied par moment se dérobe à nos pas, c'est un nouveau trou qui en est cause, et le blessé de geindre suivant la secousse qu'il ressent.- Le tir ne nous a pas encore inquiété, étant long ou court suivant notre marche.- En arrivant au château nous sommes exténués tant il a fallu montrer d'énergie pour arriver.- Ici, personne n'a vu les brancardiers divisionnaires, et à cause de leur défection nous devons remonter à Haucourt.-

D'un commun accord, nous décidons d'avoir recours aux voiturettes et d'affronter la route menant d'Esnes à Haucourt.- La route est moins distante, les balles s'ajoutent aux obus si les boches veulent en agrémenter le parcours.- En arrivant aux premières maisons d'Haucourt, nous détachons le brancard et laissons la voiturette que nous ne pouvons traîner dans les rues du village.- Un blessé nous attend, on le place sur le brancard et, dès que la rafale est passée, nous nous acheminons vers la voiturette.- En vitesse, nous l'installons.- On peut aller rondement, la route est en descente, deux seulement s'attèlent à la voiturette, les autres la reprennent un bout de chemin après.- Des balles sifflent, les obus tombent à la côte 304, là où nous devons aller ; nous traversons cet endroit à bonne allure profitant de l'accalmie, et arrivons à Esnes sans encombre.-

Le 22 à la nuit tombante, nouvelle excursion à Haucourt.- Coup sur coup, nous effectuons deux voyages et pensons à notre arrivée aller nous reposer ; mais à nouveau l'équipe doit repartir.- La division est relevée de ses positions et notre devoir exige l'évacuation de tous nos blessés.- Déjà nous sommes en route, mais la fatigue se fait sentir (nos jambes ont fourni un trajet de 20 kms mi-pressé, mi-courant).- On arrive, car l'idée de la relève nous donne des ailes.- Nous plaçons le blessé sur le brancard et en route pour le retour.- Arrivés au haut de la montée menant à la côte 304, nous faisons halte, les boches sont dans le bois tout proche, mais Rebuffel nous offre un sucre et un peu de gnole, et c'est pas de refus.- Nous repartons de plus belle, les Boches ne nous ont pas tourmentés, mais en approchant d'Esnes nous constatons qu'ils aspergent le village par rafales.- Nous arrivons au château sans encombre ; nos camarades sont tout équipés, prêts à partir vers l'arrière.-

Le chef de musique nous demande de hâter nos préparatifs de départ, mais avec Rebuffel nous répliquons à M. Peyraud que nous sommes exténués et incapables de produire un nouvel effort, ayant besoin de repos.- M. Peyraud essaie de nous prendre par la persuasion ; il nous indique que par des renseignements recueillis en haut lieu, les Boches vont attaquer cette nuit avec des obus à gaz, et qu'il est prudent de ne pas rester au village.- Notre réponse est que nous demeurons, vu que nos forces nous abandonnent ; c'est alors que le chef de musique nous confie la garde des malades, car les moyens ne permettent pas de les évacuer.- Dès le départ de la C.H.R. je prépare ma couche et pique une romance.-

Le 24 au matin, je me lève frais et dispos.- La nuit a été calme, depuis le matin l'artillerie boche essaie de repérer les batteries.- La relève est arrivée à la nuit, et nous pensons céder notre couche à nos remplaçants.- Après avoir préparé notre café, trempé nos biscuits de réserve, nous mettons sac au dos et en route.- Par le raccourci menant d'Esnes à Montzéville, nous passons à distance le haut de la côte que Montfaucon domine comme un nid d'aigle, nous promettant à la moindre alerte de faire carapace.- A mi-côte menant à Montzéville nous attendons nos camarades et suivons notre route en devisant gaiement.- On dirait que l'air s'assainit au fur et à mesure que nous allons vers l'arrière, à Montzéville, des cuisines roulantes nous attirent.- Un quart de café bien chaud nous est offert, nous le buvons tout en nous souhaitant mutuellement bonne chance.- Nous remettons sac au dos et suivons la route qui mène à Dombasle. Avant de nous engager dans le bois, tout au haut de la crête, nous jetons un dernier regard vers Montfaucon, vers ces vallées et ces villages qui vont subir, encore plus, l'esprit destructif des Boches durant leur formidable ruée sur Verdun.- Nous pensons aux régiments et aux hommes qui nous remplacent et notre joie grandit en constatant que nous sortons sains et saufs de cette tourmente.- Notre rêverie aurait pu durer longtemps, mais plusieurs coups de canon venant repérer nos batteries anti-aériennes nous font comprendre qu'il vaut mieux augmenter la distance, afin de vivre ce repos moral que nous avons gagné.-

Voici les premières maisons de Dombasle.- L'Etat-major de la division s'apprête à partir.- Il est onze heures, il s'agit d'avoir l'œil et de trouver une cuisine roulante qui veuille s'intéresser à nos estomacs.- En cherchant bien nous dénichons ce brave Antoine, (c'est un téléphoniste monteur au 8ème Génie, que nous avons connu au théâtre à Esnes, où il était chargé de veiller sur l'installation électrique).- Il comprend que notre appétit réclame et sitôt nous sommes servis.- Une heure après, bien repus, nous lui disons au revoir, après avoir obtenu des renseignements sur la route à suivre.- Nous abordons la côte raide qui nous amène au carrefour de la route allant à Brabant (pays connu).- Maintenant il nous faut utiliser les bornes kilométriques pour nous rendre à Jubécourt, où nous arrivons vers 3 heures de l'après-midi.- Le cantonnement est pitoyable : il n'y a pas de place et nous devons quémander un peu de paille pour la nuit venue la répandre au milieu là où l'humidité des souliers pourrit celle qui s'y trouve.-

Fernand est venu plusieurs fois se renseigner pour savoir si j'étais rentré, aussi, je m'empresse, dès que possible de le revoir et l'embrasser.- Le 25, au matin, nous allons à 3 kms sur la route.- Cette fois nous descendons la côte, (vallée étroite et riante).- Au bas une lignée d'automobiles sont postées ; nous allons embarquer, et l'opération terminée on démarre.- Nous y sommes rudement secoués et notre derrière est soumis à une rude épreuve.- C'est à midi que le départ est donné ; nous traversons des bois, des villages, des monts et des vallées, et le soir nous débarquons à Rachecourt sur Marne.- Pays coquet.- La Marne s'étale à proximité de la route, et des arbres la bordent des deux côtés.- Bon cantonnement, une grange bien close et paille en suffisance.- Le 26, repos complet.- Après un bon nettoyage, un peu astiqué nous allons visiter le village.-

Le 27, une heure d'études l'après-midi.- Le 28, concert.- Le 29, sac au dos et en route, nous allons cantonner à Magnieux (petit village peu distrayant).- Le patron qui nous loge veut bien accepter que notre escouade prenne place à sa table, moyennant l'appoint de nos vivres et une légère rétribution ; nous nous trouvons comme qui dirait en famille.- Ce qui chagrine notre logeur, c'est l'écriteau que l'autorité militaire a fait apposer sur la pompe aspirante de son puits artésien*27 ''eau non potable''.- ''Voilà soixante ans, nous dit-il, que j'en bois, je me porte comme un pont et il a fallu ces enc….. pour venir décréter que mon eau n'est pas buvable'' ; et d'un geste vigoureux, il arrache l'écriteau et nous revient l'air triomphant.- Le 30, concert sur la place de la Mairie, en présence du nouveau Colonel, le Cdt Martin qui vient d'être promu.-

Le 1er Avril, le bruit circule que nous allons prendre le train qui nous amènera à Paris au repos.- Nous préparons nos sacs et une fois équipés, l'ordre donné, nous descendons à Rachecourt sur Marne, et gagnons Chevillon.- Vers six heures du soir tout le monde est dans le train et l'ordre du départ est donné.- Entre temps nous avons reçu pour 3 jours de vivres, et en plus, nous avons en réserve dans nos sacs pour deux jours.- Je serais bien curieux de savoir si notre visite à Paris tient, ou s'il faut admettre que c'est un poisson d'Avril.-

Le 2, vers midi, nous passons à Noisy le sec, Paris est là tout proche ; de nouveaux ordres sont transmis, le train s'ébranle, nous passons sur les lignes de grande ceinture.- Au loin, j'aperçois juchée sur un coteau Notre Dame de Paris*28.- Une prière est adressée pour qu'elle assure notre sauvegarde, et quand j'essaie de reconnaître le chemin parcouru, j'apprends que nous avons emprunté le réseau du Nord.- Aucun des hommes, et petits gradés ne connaissent le lieu de notre destination.-

Je voyage dans le fourgon en compagnie de Bertrand, par rapport aux deux contrebasses que nous devons surveiller, nous y sommes à l'aise et libres, car aucun gradé ne s'occupe de nous.- Le train a dépassé Amiens, Abbeville, Boulogne ; pas de doute, la Belgique nous tend les bras.- En effet, la nuit vers deux heures du matin, nous passons Calais, et la sonnerie du débarquement se fait une heure après.- Nous posons pied dans une gare d'importance ; la lumière y est inexistante, des employés passent et nous renseignent, c'est Dunkerque.- J'en reste bouche bée, moi qui dès l'annonce de notre relève à Verdun ai tout de suite pensé que je voguerai vers Nice, je m'y trouve à l'opposé.- Quand les permissions reprendront j'aurai la France dans sa longueur à traverser.-

Après un arrêt de trois heures, nous mettons sacs au dos et avec la C.H.R. allons cantonner à Bierne.- La route est toute droite, pavée, le soleil chauffe et les kilomètres s'effectuent sans sourciller.- Nous faisons, à peine arrivés, la cérémonie d'usage prévue pour le dépôt de drapeau au logis du Colonel, et ensuite nous allons vers une ferme où l'on nous désigne le poulailler.- Une échelle de quatre mètres nous permet d'atteindre une ouverture qui pour la circonstance servira de porte et de fenêtre ; nous devons y passer courbés.- Chacun se case pêle-mêle en longeant le mur.-

Si on doit y rester longtemps, notre logis ne doit pas être considéré par nous comme réalisant le rêve du confort.- Un peu de raccommodage aux effets, et de suite la quotidienne répétition va commencer dans la cour de la ferme, au grand désarroi des poules, poussins et canards.- En cas de pluie un emplacement nous est réservé sous le hangar.- Dans la soirée nous allons promener dans le village. Au loin nous apercevons Bergues avec des maisons que l'on devine coquettes; la division y est installée et défense nous est donnée d'essayer de nous y rendre sans permission.- La ville est fortifiée et possède des portes à pont-levis ; il est malaisé d'y passer inaperçu.- Le 6, nous y donnons concert sur une place publique, où est édifié un kiosque à musique.- Après le concert très applaudi, un délai de 1 heure nous est donné pour voir la ville et profiter d'y faire des achats.- Une pâtisserie achalandée*29 se trouve sur nos pas, nous entrons, et chacun déguste des gâteaux succulents.-

C'est un caprice que nous avons payé avec plaisir.- Le rassemblement a lieu et nous revenons à Bierne au pas.- Le 7 et 8, répétitions, le chef est insupportable, et malmène certains instrumentistes qui n'arrivent pas à reprendre de suite la maîtrise de leurs instruments laissés depuis Verdun.- Le 9, par la route, nous allons cantonner à Petite Synthe, village au bord de mer.- Le 10, concert.- Ce matin au cantonnement notre première basse, Durand, trouve le moyen de passer au travers de l'échelle, et de se fouler le pied.- Le major l'évacue à l'ambulance.- Le chef marronne et il me laisse comprendre que je n'irai en permission que lorsque Durand sera rentré.- Belle perspective.- Après le concert, le maire du pays vient féliciter le chef et la musique, et en même temps annoncer qu'un coup nous était offert au café de la place.- Remarque blessante pour notre amour-propre : le chef ne daigna pas le saluer.-

Nous avons trouvé à mi-chemin sur la route de Bergues, de bonnes gens qui s'occupent à préparer les repas pour notre escouade, et dès la répétition terminée, à travers champs, sautant ruisseaux et canaux, nous allons prendre place à la table.- Si le couchage à la ferme est déplorable, par contre le bon lait et le beurre à un prix raisonnable, ainsi que des œufs nous procurent un régime très favorable à notre santé.- Le 20, je vais à la messe au village ; dans la journée, on sonne le branle-bas, des autos-camions nous embarquent vers 1 heure de l'après-midi et nous déposent vers 16 heures en Belgique, à Coxyde Ville.- A peine Dunkerque dépassé, nous pénétrons dans la région des dunes, promontoires successifs plus ou moins élevés et composés entièrement de sable fin que la mer y a abandonné et qui, je crois, n'est le résultat que des débris de coquillages.-

Nous prenons possession d'un cantonnement à De Zeepanne-Camp Demonet.- Il est composé de baraques en bois placées au milieu des dunes à l'intérieur bat-flancs et paillasses.- Une baraque est installée en lavabo, une fontaine artésienne est installée au milieu du carré.- La roulante fonctionne en alternant avec des cuisines que les troupes qui nous ont précédés ont installées.- Ici un bon point à donner, la propreté y règne.- Le 21, répétition.- Chaque unité a son coin du camp à nettoyer.- Le 22, nos batteries anti-aériennes dirigent un tir puissant sur des avions ennemis qui viennent pour reconnaître si le camp est occupé.-

Chacun est rentré dans les baraques et par les fenêtres nous tâchons de suivre la progression des avions.- Bientôt nous sommes fixés, un signal caractéristique nous fait comprendre que la mission des avions est de bombarder.- Durant le temps que la bombe touche terre, et nous précise l'endroit qui écope, notre cerveau est comme comprimé par rapport au bruit que la vitesse de chute de l'obus accélère.- Plusieurs bombes sont lâchées sur le camp d'aviation tout proche, mais elles ne réussissent qu'à creuser des trous dans les champs environnants.- On aurait dit un tremblement de terre, c'est un beau début de journée car il n'est que six heures.-

Aujourd'hui le sergent-major après avoir donné des effets neufs nous annonce que la revue est pour neuf heures.- Il faut se grouiller car elle sera passée par notre généralissime Joffre.- Un peu avant neuf heures nous sommes placés sur le terrain de la revue.- Cet emplacement qui n'est qu'à 600 mètres du cantonnement n'a été atteint qu'après une marche militaire de 16 kms (aller et retour).- Le généralissime Joffre arrive à 15 heures, passe en revue le front des troupes et remet les décorations.- Durant ces six heures d'attente, la pluie n'a cessé de tomber, et stoïques sous la douche céleste nous sommes demeurés sur place.-

Le 24, dès l'aube les avions allemands renouvellent leur tapage.- Le régiment a commencé le 2ème tour de permission et j'en suis à attendre mon premier.- Une discussion orageuse et violente a surgi à ce sujet entre le capitaine de la C.H.R et le chef de musique.- Si une réclamation arrivait en haut lieu ces deux officiers seraient placés aux arrêts pour inexécution des décrets instituant les permissions et abus de pouvoir.- Force demeure au capitaine de la C.H.R qui me signe ma permission.- Le chef aurait aimé attendre le retour aléatoire de Durand, il a prononcé envers le capitaine Bérard des paroles peu courtoises, aussi la lutte demeure ouverte entre les deux capitaines et ne se terminera que par le départ d'un d'entre eux.- Le soldat qu'il ait raison ou tort doit obéir, car les chefs ont toute possibilité d'assouvir leurs rancunes, ai-je eu raison de ne pas jouer au matador ? L'avenir seul peut le dire et l'atteste par la longueur de cette guerre.-

Aussi dès le soir je vole chez Fernand lui annoncer la nouvelle, et au retour, je remets mon havresac*30 à la C.H.R et me dirige vers la gare d'Adinkerque, non sans avoir serré la main aux copains.- En passant à La Panne, je fais quelques provisions car le trajet sera long, il vaut mieux prendre ses précautions.- A 20 heures, bien installé dans le train, je file sur Dunkerque.- La gare reçoit constamment la visite des avions de bombardement.- La nuit est noire, nous partons sans être inquiétés.- En cours de route passent Calais, Boulogne, Abbeville, Amiens.- Des infirmières sont sur le quai et nous servent le café.- Bientôt le train repart, voici Montdidier et Villers-Cotterets, gare régulatrice.-

Tout le monde descend, les permissions doivent être visées.- Dans les cantines, je m'approvisionne.- Les trains sont formés pour aller dans toutes les directions.- Sous-officiers et soldats de toutes armes se croisent ; certains retrouvent des anciens camarades ou des personnes amies que l'on n'avait plus revus.- Le clairon sonne, il faut embarquer.-

60

Au bout d'un bâton une lettre se balance, c'est celle qui correspond au train qui va partir.- Au visa chaque permission a été marquée d'une lettre ; la mienne diffère de celle que le clairon annonce, je n'ai qu'à attendre.- Plusieurs appels se succèdent, enfin ma lettre se dandine aux mains d'un auxiliaire, qui a peine à se frayer un passage au milieu de la cohue.- De tous côtés les méridionaux affluent et le patois domine.- Me voici à côté de camarades avec lesquels j'ai lié connaissance, et nous deviserons ensemble pour tuer le temps, que la vitesse du train n'arrivera pas à réduire.-

Le 6 mai, à dix heures du soir, nous passons Lyon et arrivons le 7 à six heures du matin à Marseille.- Je sors en ville adresser à mes parents un télégramme puis je rends visite à Mr et Mme Reymonenq et à Mr et Mme Aymard.- Le soir, je prends le train afin d'arriver à Nice pour que ma permission soit timbrée du 8 Mai.- J'ai trouvé Aymard, mutilé de guerre, heureux de s'en être tiré à bon compte, et il me souhaite de revenir sain et sauf espérant que la fin des hostilités sera donnée au plus tôt.- A 19 heures, je suis dans le train et en route pour Nice.- Toulon, Les Arcs, Cannes apparaissent à mes yeux.- Je respire l'air du pays, bientôt des lumières s'aperçoivent de la côte au loin, c'est Nice.- Le Var est passé, les premières maisons de Nice défilent à mes yeux ; les musettes sont rangées, toutes équipées.- J'attends l'arrêt du train pour me précipiter sur le quai.- J'ai hâte d'arriver des premiers ; le train stoppe.- Je me précipite vers la sortie.-

Un agent de police me désigne l'endroit où s'opère le visa des permissions.- Déjà j'ai aperçu mes parents et ma sœurette.- Je suis maintenant dans leurs bras et gaiement nous regagnons le logis familial.- Je trouve ma petite Lili bien grandie et les parents vieillis.- Ma permission de 7 jours s'écoule vite.- J'ai dû répondre à bien des questions posées sur mon séjour au front, et donner mon impression sur la guerre.- Le 15 Mai, je retourne à la gare pour obtenir le visa du retour, mais je remets au lendemain matin l'embarquement via Nieuport.- Après avoir embrassé mes parents, je monte le 16 dans le train et le 18, dans l'après-

midi débarque à Adinkerque.- De là, je me rends à De Zeepanne au Camp Démonet.-

Le 19, répétition et études.- Fernand vient me trouver, et tout en partageant les victuailles contenues dans les musettes que mes parents ont gonflées, je cause de ma permission et le rassure sur l'état de santé de ceux qui nous sont chers.- Le 20, la division doit assister à une prise d'armes.- Le Roi et la Reine des Belges nous passent en revue.- Le 31, nous allons au camp Jean Bart, jouer durant les entractes du cinéma.- Le 1er Juin, jour de l'ascension, j'ai entendu la messe dite dans une baraque du camp.-

Le 5 Juin, on nous remet du crin végétal et une paillasse vide.- Ainsi que mes camarades, nous nous improvisons cardeurs et confectionnons notre paillasse ; la paille est avantageusement remplacée.- Le 8 juin, j'assiste à une représentation théâtrale donnée en soirée, en compagnie de Fernand, et nous rentrons avant la forte averse.- Le 13 juin, nous allons plus avant cantonner au camp de Mitry, situé sur la route d'Oostduinkerke-Ville à Oostduinkerke-bains.- Je suis plus rapproché de Fernand et peux le voir plus souvent.- Une nouvelle corvée nous est chaque soir dévolue, il s'agit de charger les wagonnets Decauville*31 de matériaux, qu'un magasinier désignera, et de les accompagner à proximité des tranchées ; le travail ce soir consiste à décharger deux gros wagons et à ranger la marchandise en tas.-

Le 16 au soir, mis à la disposition de l'adjudant Martini des pionniers, un gros rondin nous est confié par l'équipe de 6 hommes, afin de le porter en première ligne au P.P.*32 n° 1.- Nous passons l'Yser sur un pont de tonneaux, longeons ensuite les boyaux et après bien de fatigue et de détours nous parvenons à l'endroit désigné, non sans des haltes répétées.- Les Boches ne nous ont pas inquiétés.- Le 18 concert, le chef de musique nous exempte du travail de nuit.-
Le 19, nous devons apporter deux grosses pierres au P.P. n° 1.- Afin de faciliter la besogne nous prenons un wagonnet, sur lequel notre chargement est posé et en route.- Le grincement sur les rails est fort et

peut attirer l'attention des hommes au poste d'écoute.- L'Yser est traversé et nous sommes dans la plaine.- Une fusée s'élève, vite, nous nous terrons sous le wagonnet ; une petite flamme provenant d'un coup de fusil a été aperçue au milieu d'une haute dune que les Boches occupent, et qui domine la région.- La balle a sifflé sur nos têtes, en vitesse nous terminons le trajet à parcourir en wagonnet, nous déchargeons, ensuite, il faut emmener au P.P. n°1 les pierres.- Deux voyages chacun, 800 mètres à parcourir chaque fois et nous pensons au retour.- A tour de rôle nous prenons place sur le wagonnet et les autres nous roulent un bout de chemin. Nous pressons le chargement, et réussissons à traverser Nieuport-bains avant la rafale coutumière.-

En rentrant Fernand m'attendait et nous pouvons causer librement durant des heures de liberté.- Ensemble, nous dégustons le lapin que mes parents m'ont adressé dans un colis, et avant la nuit je retourne au cantonnement heureux de ma journée.- Le soir, j'apprends qu'un 210 est tombé à Coxyde-bains près de la bifurcation des 4 routes, détruisant une maison et ensevelissant les habitants et des soldats dans la salle d'une pâtisserie.- Sur 18 personnes il y a eu 4 blessés et deux morts.-

Le 1er et 5 Août, corvées ; le 7, dans la journée, les Boches ont réussi à démolir le pont et il nous faut attendre la remise en état.- Le 8, une rafale de 75 passe sur nos têtes, vite on cherche un abri car la réponse ne se fera pas attendre.-Le 10, concert au camp Lefebvre.- Le 11, je rencontre Roland et Deperaz et cause avec eux durant de longs instants : Le 17, concert à Coxyde-bains : pour gagner du temps nous suivons à travers dunes, de cette façon les Boches ne peuvent soupçonner notre présence sur la route.- En arrivant près du village, je me rends compte que l'embouchure de l'instrument a disparu.- J'ai une heure encore avant que le concert ne commence ; en vitesse je retourne au cantonnement et cherche à retrouver si possible l'objet.- Dans mon havresac, j'y prends une embouchure en réserve et m'empresse de revenir sur mes pas.-

Je n'ai pas remarqué dans le sable ce bout de cuivre, et arrive au village alors que le concert est à peine commencé.- Le chef avait demandé à la musique des territoriaux au village de prêter une embouchure et attendait que je vienne pour me permettre d'en faire usage.- Tout essoufflé, je termine néanmoins le concert, et rentre à Oostduinkerke-bains ; le soir, la corvée va finir par me reposer pleinement.- Fernand arrive le 25 dans la journée et m'annonce son départ en permission.- Je l'embrasse et lui souhaite bon voyage.-

Le 28, le général de division est venu à Oostduinkerke-bains, nous exécutons en son honneur la marche consulaire à Marengo et les bonnets à poils ; il nous en félicite.- Le 5 Septembre, nous participons à La Panne à une soirée théâtrale : y assistaient le Roi des Belges, un général anglais et notre divisionnaire.- Une comédie (au bout du fil) ensuite Hérodiade et l'aubade du Roi d'Ys par le ténor Devriès.- Mlle Dumesnil de l'opéra comique, se produit dans des chansons choisies.- Nous jouons le ballet des deux pigeons (Messager).- Pour terminer Mlle Dumesnil chanta l'hymne anglais et M. Devriès la Marseillaise.- Bonne soirée.- Le 12, la corvée recommence.- Le 13 concert, le sable nous frappe la figure avec violence tellement le vent est fort ; c'est pas rigolo.- Le 25, pour éviter d'ankyloser les jambes, marche d'entraînement, la devise est, obéir et se taire.-

Le 3 octobre, j'obtiens ma permission et après avoir dit bonjour à Fernand, je me mets en route dans l'après-midi pour atteindre la gare d'Adinkerque.- Sept jours bien courts passés près des miens et le 15, à nouveau sous le costume militaire, ma permission finie, je m'apprête à rejoindre le régiment.- J'ai appris par des amis que la division est relevée et au repos mais j'ignore où.- Papa et Emilie sont venus à la gare m'accompagner au train de 7 heures.- Ma chère sœurette se trouve indisposée dans la cour de la gare et Papa la ramène avant le départ du train.- J'en suis très affligé et mon retour n'est pas gai.-

Quelques heures d'arrêt à Marseille pour dire bonjour aux amis et à la famille et ensuite je file sur la gare régulatrice ; le 16 j'arrive à Crépy en Valois: le visa de la permission mentionne Fontaine-Bonneleau dans l'Oise.- Le train est annoncé et je pars.- Je débarque à Beauvais et passe la nuit dans un hôtel, (trois à coucher dans un lit, Fabio et son copain).- Le 17, à neuf heures du matin j'arrive à Fontaine-Bonneleau.- J'y prends un train qui m'amène à Crèvecoeur le Grand.- J'arrive à 10 heures et demie, le temps de se restaurer et nous partons rejoindre notre régiment à Auchy la Montagne.- A deux heures de l'après-midi, je suis rendu au cantonnement.-

Le patelin est sale, dégoûtant ; le cantonnement infect, pas de place pour s'installer, des permissionnaires vont céder la leur.- Pour parvenir à Auchy nous sommes passés à Rotangy, pluie et boue le long du chemin.- C'est une misère pour trouver de l'eau, et depuis mon arrivée la pluie ne cesse de tomber.- Le 23, nous allons nous exercer au tir avec le révolver qui nous a été attribué.- Une fois sur le terrain mon arme refuse de fonctionner et je reviens sans avoir tiré à la cible.- Le 24 concert.-

Le 25, la musique doit fournir des hommes de corvée pour se rendre à Crèvecoeur décharger des wagons et charger des baraques sur camions.- Après le dîner, le chef de musique Mr Peyraud nous rassemble pour faire ses adieux.- Il s'en va en permission exceptionnelle auprès de sa mère et de sa sœur gravement malades, et son congé terminé, par mutation, il ira diriger la musique du 4ème régiment des Zouaves.- Il nous dit son regret de nous quitter, mais aucun d'entre nous ne ressent l'impression d'une perte réelle.-

Le 1er novembre, la Toussaint, je vais à la messe ; l'après-midi concert à Rotangy sous la baguette de Touache notre sous-chef.- Le 4, sac au dos nous allons à Francastel embarquer dans des automobiles qui nous emmènent à Autheuil (Oise).- Bon cantonnement. C'est une salle de bal attenante à un café, le village est propre et agréable.-

Le 8, les automobiles nous embarquent pour nous amener vers le front.- A 20 heures, nous débarquons à Proyart.- Dans le village le charroi est intense : 10 centimètres de boue, pas de lumière par rapport aux avions.- Des attaques journalières se produisent arrachant des bandes de terrain à l'ennemi, au prix de pertes élevées.- Le cantonnement est infect, dans la nuit, un avion ennemi qui arrive dans l'intention de bombarder la gare aérienne toute proche, passe si bas, que nous avons pu, dans la nuit noire, le voir et avons supposé que le pilote a subtilisé la chemise de Caste qui se trouve suspendue à une haie.- Un bruit significatif, répété à peu de secondes, qui s'accentue au fur et à mesure que l'engin approche terre, nous donne l'impression d'un marteau pilon enfonçant un pilier, et de suite un grondement sourd suivi d'un tremblement à chaque bombe.- Une fois l'émotion passée nous tâchons de fermer l'œil. Et pourtant ce n'est pas commode, car nous avons retrouvé ici les poux de tranchées.-

Le 9, au réveil, corvée de nettoiement sous les ordres du chef de cantonnement.- Dans la journée nos avions ont la maîtrise de l'air ; les avions boches se rattrapent à la nuit.- A deux heures de l'après-midi, sac au dos nous partons direction Fay (12 kms).- Nous couchons dans les caves d'un ancien moulin, que les boches ont su utiliser pour cantonnement.- Les caves ont résisté au bombardement intense de notre artillerie.- Nous y sommes confortablement installés.- Le soir avec l'équipe, je monte au poste de secours du 2ème bataillon.- La route est crevassée par la chute des obus et une boue liquide et glueuse s'attache aux souliers ce qui ne facilite pas la marche.- En traversant le village d'Estrées la route est encore plus ardue à suivre.- Aucune maison n'est debout et les fondations ont dû disparaître sous l'avalanche des obus, seul un enchevêtrement de bois et de pierres nous rappellent à la réalité.-

Près de 20 centimètres de boue couvre le trajet à parcourir.- C'est un bain de pieds voire de jambes, que nous prenons pour atteindre l'extrémité du village.- Nous marchons sans connaître notre route, allant à l'aveuglette et bénissant les fusées qui de temps à autre nous éclairent.- Des voitures roulent dans ce cloaque, et les conducteurs nous rassurent sur le chemin que nous empruntons.- Nous voilà engagés sur la route menant à Berny-en-Santerre.- Estrées vient à peine d'être dépassé qu'une rafale de 105 et 150 s'abat sur le village.- Nous pressons le pas, la route est moins encombrée.-

66

On peut se rendre compte que les Boches s'acharnent à bombarder en avant de nous, sur la route que nous parcourons à un point déterminé. Il va falloir traverser cette zone entre deux rafales, nous y parvenons, et à l'avenant, nous nous engageons dans les rues du village.- A un carrefour, nous prenons une route qui nous amène à la sortie du village.- Avant de l'atteindre, deux de nos camarades se détachent afin de repérer l'endroit où est placé le poste de secours.- Nous nous plaçons le long du mur encore debout d'une maison.- Dans le village, il ne reste que quelques murs branlants.- Un de nous, ignorant le danger auquel il nous expose tous, essaie d'allumer une cigarette, nos protestations l'arrêtent dans son intention, en même temps qu'une salve de coups de fusil, prend la rue en enfilade.- Nous brûlons d'impatience de voir revenir nos camarades.- Enfin nous entendons leurs appels et on se dirige vers la tranchée toute proche où se trouve le P.C.*33 du colonel.-

Une estafette d'un régiment de hussard doit nous conduire à un relais.- Et de relais en relais nous allons parvenir à l'endroit désigné.- Arrivés au premier relais notre inconnu prend les devants mais jugeant sans doute la zone à traverser dangereuse, il part en courant et disparaît dans la nuit noire.- Nous devons par nos moyens suivre un terrain défoncé, le long du boyau et ensuite, par prudence, y pénétrer.- Nous arrivons enfin à trouver des soldats accroupis.- Notre étonnement s'accroît, nous sommes parvenus aux lignes de feu, et le capitaine de la compagnie nous annonce que notre route a été faussée, et nous remet dans un boyau nous indiquant notre chemin.- Non sans peine nous arrivons ; une heure après, mon équipe doit transporter un blessé.- La route à suivre nous est indiquée, mais il est malaisé de reconnaître son chemin à travers les enchevêtrements de boyaux et nous aboutissons sur la route d'Estrées à Berny.-

Notre conduite est vite tracée, par la route du village nous allons tâcher de retrouver l'emplacement où était édifiée l'église, le poste du médecin-chef est placé à proximité.- La route est peu sûre, car nous craignons une rafale prochaine.- Nous abritons notre blessé contre un mur et deux de nous vont repérer le boyau.- A une centaine de mètres il est trouvé, vite nous nous empressons.- Un brancardier divisionnaire venu du poste du médecin-chef pour nous indiquer le chemin est blessé par un éclat au moment où nous sautions dans la tranchée.- A peine arrivés, une rafale de tous calibres nous procure un frisson légitime, si nous étions sur la route que serait-il advenu de nous ? Il faut penser au retour et du coup repérer la route.- Au carrefour des tranchées nous plaçons des boîtes de conserves sur la tranchée que l'on doit prendre.- Les Boches agrémentent notre voyage par des tirs fréquents.- Nous arrivons au poste de secours et pouvons passer le reste de la nuit.-

Le 11 au matin nous reprenons le chemin pour nous rendre à Fay au petit jour, il est permis de voir la route que nous suivons.- Nous arrivons pour dîner confortablement, et buvons notre soupe chaude.- Le 12 nous rejoignons le poste du bataillon.- Une équipe désignée pour porter au cimetière de Berny un mort, ne parvient pas à le trouver, l'un d'entre eux en rend compte au médecin.- Mon équipe reçoit l'ordre de les seconder et en même temps d'ensevelir le corps.- Nous obliquons par la route sur le village, arrivés au carrefour, le bruit d'un obus nous fait plier l'échine et aplatir à terre.- Nous sommes aspergés par la terre soulevée et un éclat blesse le camarade musicien Gras.- Il est urgent de se presser, il s'agit de reconnaître le boyau ; les autres se collent à un pan de mur.- La tranchée est découverte, nous y pénétrons au moment où une nouvelle rafale asperge le village.- Au poste central Gras est soigné et évacué.- Il nous faut hâter la besogne et porter le mort au cimetière.- Nous y parvenons : trois marches à gravir et nous déposons notre fardeau.-

Un 105 éclate sans que nous percevions le départ.- Mes camarades ont pu se jeter dans la tranchée, quant à moi, tournant le dos à la tranchée je ne puis que m'allonger à terre, et je me trouve collé au mort face à face.- De la terre et des débris de pierre m'aspergent l'échine.- Une seconde après, je me laisse choir dans la tranchée et essaie de rejoindre le poste du médecin-chef, distant de 200 mètres dans le boyau.- La rafale redouble d'intensité, au premier tournant.- Je n'avais pas parcouru 5 mètres, un obus frappe en plein la paroi haute du boyau.-

Nouvelle émotion et plus de vélocité dans mes jambes, l'endroit est peu hospitalier, et c'est tout essoufflé que je rejoins mes camarades.- Un peu de repos et l'accalmie arrivée nous mettons le cap sur Fay.- Sur la route les coins dangereux nous sont connus, aussi les franchit-on avec ardeur, et nous arrivons pour manger la soupe fumante et dormir tranquille.-

Le 15 nous reprenons le chemin des lignes, mais cette fois-ci l'équipe doit aller au premier bataillon ; le trajet est plus long, le boyau propre mais étroit, il nous faut franchir au pas de course un ravin pour arriver au poste de secours.- Aussitôt après une rafale ferme la marche.- Peu de travail : un mort à descendre, nous l'emportons au petit jour en retournant à Fay.-

Nous avions à peine traversé la majeure partie du village d'Estrées, que des coups successifs de canon attirent notre attention.- A la course nous prenons le tournant du carrefour et pénétrons dans un abri tout proche.- A peine le dernier s'est-il engouffré qu'un obus éclate au carrefour.- Une forte odeur de gaz lacrymogène pénètre dans l'abri ; nous utilisons les masques.- Les brancardiers divisionnaires qui occupent l'abri sont couchés, ils attendent de cette façon le travail à venir.- Le tir persiste, et ce n'est que trois quarts d'heure après qu'il nous est permis de poursuivre notre chemin.- En arrivant aux pièces de 270 qui longent la route, la bamboula recommence ; nous pénétrons dans les abris des artilleurs.- Ceux-ci apprenant que nous n'avons pas mangé partagent leur goûter mais il nous tarde d'arriver car voilà plus d'une heure que la boustifaille attend, et nous savons par expérience que rien ne vaut l'exactitude à table.-

Après nous être consultés nous décidons de partir bien que les artilleurs soient d'avis que nous devrions attendre, car le tir n'est pas terminé.- D'un autre côté nous pensons que voisiner auprès des batteries n'est pas un présage de bon augure, aussi nous leur souhaitons bonne chance, et nous voici partis d'un bon pas sur la route.- Le nez et les yeux nous font comprendre que la route a été arrosée par les gaz, en approchant nous nous rendons compte que Fay, par où nous devons passer demeure sous un nuage de gaz lacrymogènes.- Aussi nous décidons de faire un crochet pour éviter le village.- Le chemin que nous suivons ne nous est pas connu et le trajet s'allonge à cause de nos hésitations.- Le tir est dirigé sur la route que nous suivons ; on dirait que les Boches veulent accélérer notre marche en nous talonnant avec les obus.- Nous quittons le chemin et nous contournons la colline pour parvenir enfin au cantonnement.-

Le 17, à la tombée de la nuit, je monte au 1er bataillon pour 24 h ; Il a neigé et plu aussi la route est lamentable.- Le 19, vers 14h, mon équipe est désignée pour se rendre à Berny-en-Santerre (poste du médecin-chef).- A mi-chemin, nous croisons la relève du régiment, ce sont les soldats du 3ème R.I.- Je pense à Fernand, il aura à effectuer notre travail, peut-être dans des circonstances difficiles.- Que faire ? Chacun son tour d'être à la danse! Dieu le protègera comme il l'a fait pour moi.- A peine arrivés nous creusons une fosse au cimetière, et à la nuit l'équipe monte au 3ème bataillon.- Un blessé nous attend, il faut le descendre.- La relève est dans les boyaux et il n'est pas aisé de faire notre corvée.- Les Boches doivent se douter de quelque chose d'anormal car ils tirent souvent.-

Nous rejoignons à nouveau le bataillon, le poste de secours quitte son abri en nous laissant en consigne de demeurer car nous disent-ils, un abri à munitions qui continue d'exploser a dû occasionner des victimes.- Le 30, des automobiles après une randonnée de 80 kms nous amènent à Proyart.- Nous couchons dans une baraque Adrian*34 sur la terre nue.-

Le 1er décembre on y demeure ; travail de nettoyage des ordures et de la boue.- Dans la journée, les avions français se démènent et la nuit c'est le tour des Boches.- A la coopérative nous renouvelons nos victuailles.- Le 2, nous laissons sous une tente nos instruments ; le musicien Mouton est désigné comme gardien et nous partons pour atteindre le bois des Satyres.- Nous demeurons toute la journée dehors avant de trouver un abri.- La pluie tombe drue, dans une maison démolie, je trouve ainsi que trois de mes camarades un refuge momentané, mais cet endroit ne sent pas la rose quoiqu'elle fleurisse sous nos pas.- Il faut nous débrouiller pour y passer la nuit, et actuellement les nuits sont fraîches ; par surcroit, pas moyen d'y faire la cuisine.-

Le 3, nous sommes toujours à la recherche d'un appartement, errant dans les bois (disons l'expression : sans arbres et sans racines presque).- Le plus embêtant c'est que notre travail de brancardier nous réclame.- Enfin des abris nous sont désignés : on a hâte de s'y rendre, mais l'accès nous en est interdit.- Ces abris ne nous sont pas destinés, il faut revenir sur nos pas.- Le soir je monte au bataillon ; pour reposer notre moral, sept morts à apporter au cimetière.- A travers le boyau, nous en apportons deux dans une toile de tente suspendue à une perche.- Le 4 au matin, nous rejoignons les camarades.- Aucun cantonnement n'est affecté, à Autheuil en Valois, on couche à la bonne fortune dans de vieux abris démolis.- Le 5, le chef de musique nous fait prendre possession d'un cantonnement situé dans le bois du Quadrilatère.- Nous sommes avec le bataillon de réserve et nous pouvons y faire notre cuisine, c'est pas malheureux ! On s'organise à la hâte.- Le soir nous touchons de la paille.- Le 6, je monte pour 24 heures au bataillon.- Un mort à descendre au cimetière.- A peine l'avons-nous déposé que trois obus de 105 éclatent si près que les mottes de terre et les éclats me passent sur la tête.- Je suis comme le mort, plus mort que vif.- Je détale en vitesse sans reconnaître les lieux ; personne n'a été touché.- Le 7, dans la journée, je vais accompagner un pied gelé aux brancardiers divisionnaires.- Le soir, je rentre au cantonnement.-

Le 8, je monte au Chancelier, nouveau poste, un brancardier qui nous accompagne perd sa route et après un crochet assez long, nous arrivons près du major.- Aucun travail pour la journée et pas d'abri pour la nuit.- Je m'installe sur une marche des escaliers de l'abri où est situé le poste de secours ; mais le froid m'empêche de reposer et des heures durant nous faisons dans le boyau les cent pas pour nous réchauffer.- Le 10, le chef de musique d'après un ordre reçu, désigne 10 musiciens pour se rendre au poste de secours.- Un peu de partialité est montrée par Touache en ce sens qu'il garde auprès de lui les camarades dont le tour de corvée est arrivé mais qui sont ses partenaires dans la partie de poker.- Je suis désigné et au départ nous sommes prévenus que la C.H.R du 165ème R.I. nous a pris en subsistance.- Dès l'arrivée, nous nettoyons la tranchée dans les approches du poste durant toute la journée.-

Le va-et-vient des malades interrompt seul notre travail.- Au soir, nous sommes conduits dans un abri trop petit pour nous contenir tous.- Barrié et Ciais partent à la recherche d'un autre logis, ils en découvrent un démoli en partie par les boches.- L'heure de la soupe a sonné, les hommes de corvée vont sur la route se poster au passage des cuisines roulantes.- L'endroit n'est pas choisi pour assurer un ravitaillement tranquille, les cuisines arrivent, aucune d'elles n'a reçu l'ordre de nous ravitailler, celle de la C.H.R du 165ème R.I. nous fait profiter du rabiot.-

Pour ce faire, il faut attendre que toutes les escouades ou fractions de sections soient venues retirer leur ration, sur une route marmitée d'un instant à l'autre et encore sans être certain que le rabiot existe.- Notre ration est diminuée et il va falloir s'en contenter.- Le matin du 11, nous retournons au poste : major et infirmiers savent à tout bout de champ nous faire comprendre que nous ne sommes pas du un, six, cinq*35.- La pluie tombe toute la journée, par moment des obus arrivent ; défense nous est donnée de se tenir à l'intérieur du poste, dans les escaliers ou à l'entrée, même pour déjeuner du trognon de pain que nous a dévolu le partage.- Le soir nous rejoignons notre abri, nos vêtements tout trempés.

Le 12, journée comme la précédente et encore moins de boustifaille.- Le soir, nouvelle revue aux cuisines, piètre résultat.- Dans la nuit, Barrié et Ciais qui reposaient dans l'abri en partie démoli ont manqué d'être ensevelis par suite de l'affaissement du sol et ils rappliquent dans notre abri où ils s'allongent comme ils le peuvent.- Le 13, après un court conciliabule, nous allons au travail, (nettoiement de la tranchée) mais Ciais se détache et va rendre compte à Touache, notre s/chef, de la situation alimentaire qui nous est faite, tout en lui

demandant également, soit de rejoindre notre unité, soit d'être relevés.-
La relève arrive au soir.- La journée du 14, se passe tranquille, mais au
soir, l'ordre arrive d'envoyer des équipes.- Je suis du nombre et je remonte
pour 24 heures.- La nuit est noire et il nous faut reconnaître la route.-
Après maints détours nous arrivons et y passons la journée du 15.-

Le 16 au soir, je vais pour 24 heures au chemin creux.- Un
blessé à porter au relais ; nous avançons dans une nuit opaque, un
terrain difficile, aucun point de repère ne se perçoit, force nous est de
revenir sur nos pas.- A mi-chemin nous rencontrons les brancardiers à qui
nous remettons le blessé.-

Les fêtes de la Noël se passeront ainsi entre repos et concerts.-
J'apprends que Fernand est tout près à 3 kms et chaque soir je fais une
escapade, le village est d'ailleurs plus important que le nôtre et par suite
plus agréable.- Nous pouvons nous procurer du pain blanc chez le
boulanger.- Depuis plusieurs jours la neige tombe et la température est
fraîche.- Le 25, à 5 heures du matin, branle-bas, départ pour Blargies-
Belleville (à 20 kms).- Cette journée de Noël s'inscrit comme journée de
marche.- Ainsi que le mois de janvier 1917.

Le 3 février dans la soirée j'arrive à Adinkerke.- Les vitres du
wagon ont au moins deux doigts de givre, rien d'étonnant à ce que la
nuit dernière, je n'ai pu fermer l'œil.- Durant cet hiver, très rigoureux,
notre pain et le vin ont été bien souvent gelés.- Le 4, concert au camp
Champermont.- Le bruit circule depuis deux jours qu'il va falloir toutes
les nuits apporter des matériaux en ligne. Dans la journée, Fernand me
rend visite et partage mon repas.- Une lettre vient de m'être remise, elle
m'annonce le décès de ce bon vieux ami Alexandre ; cette nouvelle nous
cause de la peine.- Dès la nuit, Fernand me quitte et avec mes collègues
nous empruntons la route de Nieuport-Bains afin de nous placer à la
disposition des pionniers.- Ceux-ci, heureux de pouvoir nous tenir, nous
désignent les plus gros rondins, nous laissant pressentir deux voyages
jusqu'au petit poste n°1.- Le village est traversé sans incident, les
rafales y déferlant à peine avons-nous dépassé la rive gauche de l'Yser.-

Nous longeons un mur de sacs pare-éclats artificiel qui a coûté la bagatelle de deux millions (fourniture de sacs) et qui nous amène à l'estacade*36 que nous longeons à nouveau pour enfin nous engager dans le boyau.- Le trajet s'effectue lentement, et après maints détours, nous déposons le rondin à l'endroit désigné.- Un soldat placé en avant-poste guette l'ennemi et le silence doit être gardé.-

Nous repartons vivement et arrivons à l'estacade sans coup férir.- A deux heures du matin nous sommes au poste des pionniers à Nieuport-Bains.- Le 2ème voyage ne peut être effectué, car le jour naîtrait que nous n'aurions fait qu'une partie du voyage.- Nous rejoignons le cantonnement.- Le 16, notre réveil a lieu à 7 heures.- Il nous faut assister à la répétition préparatoire au concert de l'après-midi.- Le 17 corvée à Nieuport, régulièrement mon tour arrive tous les deux jours.- Nous avons cette nuit deux pierres de béton de 30 kgs à charrier et pour faire cela nous devons envisager deux voyages.- Il faut se hâter si l'on désire finir avant l'aube.- La pierre posée dans la toile de tente, le chargement placé sur les épaules, je fais route vers le P.P. n° 16.- Après des haltes répétées, parfois prolongées par le tir de l'artillerie, nous terminons nos deux voyages alors que l'aube est levée et sommes au cantonnement vers 4 heures et demie.-

Le 18, avant de se coucher nous cassons la croute et nous sommes à peine allongés que notre présence est réclamée à la répétition.- Nous demeurons néanmoins sous les couvertures et le chef se rattrape en nous faisant commencer la répétition à peine la soupe servie et dégustée vers 10 heures et demie.- J'espère que cette méthode de travail ne va pas devenir coutumière.-; le soir corvée ainsi que les 21, 23, 25, 27, 1er mars et 3.- Durant cette période nous avons pu nous emparer des wagonnets Decauville et chaque soir nos deux chargements posés nous parcourons la plus grande partie du trajet sur voie, ce qui nous permet de terminer plus tôt la corvée, il ne nous reste ensuite que 300 m à accomplir chaque fois avec un chargement pour apporter à destination les matériaux que l'on nous a confiés.-

Le 21, les Boches, mis en éveil par le grincement des wagonnets sur les rails nous obligent à nous coller sous le wagonnet.- Nous étions dans la plaine, d'un point élevé de la grande dune, une lueur est perçue puis le sifflement d'une balle, les fusées abondent, quelques obus de 77 éclatent non loin de nous.- Puis tout rentre dans le calme et nous continuons le voyage un peu émotionnés ; le retour s'opère tranquillement avec certains d'entre nous à tour de rôle que nous traînons dans le wagonnet.- Au cantonnement dans la journée, répétitions, concert et corvée de sable.- Il s'agit de prévenir l'embouteillage de l'entrée de nos baraques, ainsi que de dégager les parois que l'amoncellement du sable pourrait submerger et faire craquer.- Le bois ne peut résister à la pression du sable.-

Du 3 au 11 mars, répétitions et sable (maniement de la pelle).- Fernand est venu dans la journée du 6 et nous avons déjeuné ensemble, il m'est actuellement permis de le voir plus souvent.- Le 11, notre travail à Nieuport-Bains reprend, avec toutefois modification au programme.- Un train amène à Nieuport de gros wagonnets chargés de matériaux, notre rôle consiste à aider au déchargement.- La fatigue est moins grande mais l'endroit où le travail s'opère n'est pas abrité, gare aux rafales ; l'oreille demeure constamment tendue, et avec plaisir vers minuit, je retourne au cantonnement.-

Le camp Badord ou pour mieux dire le théâtre qui s'y trouve installé a ouvert ses portes.- Quelques instrumentistes de chez nous se faufilent à l'orchestre, préférant de beaucoup le bruit harmonieux de l'instrument au bruit sourd et métallique des matériaux.- Le 31 mars, j'assiste au camp Badord à la représentation théâtrale, les artistes s'y distinguent.- Le 5 avril, je m'en vais à l'église où est exposé le très saint sacrement, c'est l'approche des fêtes de Pâques.- Le 8, jour de Pâques nous chantons à l'église la grand messe (chœur à 4 voix).- Le 10, j'assiste à la messe dite à l'intention du lieutenant Pestre, atteint mortellement la veille à la suite d'un coup de main*37.-

Le 12, messe chantée en l'honneur des morts du 141ème R.I. et du lieutenant-colonel Cord'homme.- Concert à Champermont (ambulance divisionnaire); le soir, je vais au théâtre.- Le 18, la musique au complet est transportée à De Panne en automobile.- Nous prêtons le concours à une représentation théâtrale donnée à l'hôpital.- À la séance assistent 35 grands blessés.- La Reine des Belges est dans la salle ; des artistes de la Comédie Française charment l'auditoire, notre musique joue aux entractes.-

Le 19, corvée à Nieuport.- Les 20 et 21, concert.- Le 22, messe chantée en l'honneur des morts d'un bataillon.- Le 23, dans la nuit, alerte.- Les Boches attaquent avec émission de gaz.- Étant à proximité de la mer, les courants attirent les vapeurs et nous n'en ressentons que très peu les effets.- Il n'en est pas de même pour Fernand.-

Le canon tonne sans arrêt, notre tir de barrage puissant est certainement efficace.- Le 24, vers 9 heures du matin, la moitié des musiciens doit se rendre à Nieuport pour y évacuer les blessés (120 hommes du régiment), nous avons fait des prisonniers.- Sous notre conduite ils doivent nous aider à la relève des blessés.- Au 1er voyage, je prends le blessé à la tranchée et cinq autres fois du poste de secours du bataillon à Nieuport.- Les Boches sont tranquilles, comme nous, ils ont du boulot à accomplir.- D'autres musiciens nous relèvent.-

Le 22 mai, j'obtiens ma permission et le soir je fais route vers Adinkerque.- Le 25, à 2 heures du matin, j'embrasse mes parents.- La permission s'envole comme fumée et le 3 juin il me faut quitter Nice pour rejoindre le régiment.- Le 4, suis à Paris à 18 heures 15 et en repart à 19 heures 20 pour arriver le 5 à 9 heures du matin à Dunkerque et l'après-midi à Adinkerque.- À 20 heures, je parviens au cantonnement.- La nuit, alerte, les Boches attaquent avec émission de gaz.- Le 6 juin, dès 5 heures du matin, nous montons à Nieuport, mais heureusement aucun blessé n'est signalé, nous revenons satisfaits.-

Du 8 au 12, répétitions (de jour ou de nuit, nous avons de fréquentes alertes, le secteur s'agite).- Le 16, le 3ème R.I. est relevé et va au repos.- Les Anglais sont venus pour le remplacer, ils occupent le secteur, et ils manifestent avoir le plaisir de se rendre en promenade à Ostende.- Le 17, nous sommes relevés également : la C.H.R. se rassemble au camp Demonet (De Zeepanne).- Le 18, dès le matin, nous embarquons à Adinkerque, direction Bergues.-

Nous cantonnons à Cassel ; durant nos étapes sur route, la chaleur demeure accablante et en arrivant à la ferme où nous logeons, pénurie d'eau, pas moyen de se débarbouiller.- Le 19, par étapes nous gagnons Cappellebrouck (18 kms): la pluie tombe et nous trempe comme soupe.- Le 20, départ pour Vieille Eglise, puis Calais (18 kms) et comme la veille, une pluie torrentielle nous accompagne.-

Le 1er juillet, concert au Général de division ; le soir je vais au théâtre.- Je perçois distinctement le bombardement de Dunkerque par avions.- Le 3, remise de décorations.- Le 4, la division est passée en revue par le chef d'Etat-major belge.- Dans le courant de l'après-midi, je vais voir Fernand et lui annonce mon départ en permission.- Le 8, j'arrive à Nice et j'embrasse les miens.- Les journées me paraissent courtes et le 17, je repars.- Emilie et Papa m'ont accompagné à la gare, sur les quais.- Emilie se trouve indisposée et Papa la ramène avant que le train ne s'ébranle.- Le 20, je suis à Vieille Eglise.-

Le 3 août, départ en auto pour Saint Pol sur mer, défilé des troupes, passées en revue par le Général Anthoine, remise des décorations.- Le 4, pour nous être agréable, on nous inocule à l'épaule gauche le vaccin anti-typhoïdique.- Je reçois des lettres de mes parents qui m'apprennent qu'Emilie est alitée depuis plusieurs jours.- Je crois qu'on me cache quelque chose et une partie de la vérité.- Le 10, départ en auto pour Roesbrugge, à 22 heures nous cantonnons dans un camp à West-Vlaanderen.- Les avions boches passent sur nos têtes pour aller bombarder Dunkerque.-

Une lettre reçue des miens m'annonce qu'Emilie est à l'hôpital sans explication.- Je vois passer Fernand en automobile, de suite, je me renseigne près de lui et j'apprends qu'Emilie est atteinte de la typhoïde.- Enfin, je sais tout, pourvu qu'elle soit vite rétablie.-

Le 13, le régiment monte en ligne, nous le suivons en avant de Westend (ferme des mitrailleurs), trois équipes vont établir des relais, un au médecin-chef, l'autre au bord du canal de l'Yser, et un autre au milieu de l'espace qui reste pour se rendre aux lignes.- Nous logeons dans ces trois postes dans des anciens blockhaus allemands, tous trois posés dans une plaine aride.- Le restant de la musique demeure sur l'emplacement des premières lignes belges.- La ligne du front est face à la forêt d'Hoostuls.- Les boches nous gratifient d'obus à l'ail, heureusement nos masques nous préservent d'en ressentir les effets.- Au soir, l'équipe de relève arrive, nous rejoignons le cantonnement.-

A l'arrivée du courrier, je suis impatient de lire les nouvelles sur la santé d'Emilie.- Le 18 au soir, je monte au poste de secours central, la route à suivre est marquée par des caillebotis*38 et un boyau plus accentué vers l'arrivée, nous dépassons des pièces d'artillerie de gros calibre, notre tympan est à l'épreuve dès qu'elles tirent et par suite notre sécurité relative.- Les artilleurs n'ont même pas d'abris.- Au soir, nous accompagnons un blessé, en arrivant au premier relais une dégelée de grosses marmites*39 nous procure l'occasion de nous reposer longuement; l'abri est solide.-

La journée du 19 se passe tranquille, le soir une autre équipe nous remplace.- Au retour, un peu d'émotion : nous avions dépassé le relais du bord de l'Yser ainsi que les pièces d'artillerie posées au bord du chemin et allions nous engager sur l'espace servant de ravitaillement à munitions ou bien de vivres à certaines heures.- Des avions boches fondent sur nous : il est facile de prévoir leurs intentions.- En courant, nous traversons l'espace libre et nous réfugions dans un modeste abri servant de dépotoir.- Trois bombes tombent dans un rayon de 20 mètres.- Le dépôt de fusées explose.- Notre position est critique, le dépôt de munitions n'est pas loin, il vaut mieux en jouer un air*40.- A vive allure, nous nous éloignons.- Les avions sont toujours là, ils cherchent à placer leurs engins destructeurs, mais ne peuvent réussir leur coup.- Nous arrivons tout essoufflés au cantonnement.-

Les 20 et 21, repos.- Je reçois des nouvelles rassurantes sur Emilie.- A la nuit je monte au poste n° 2.- Durant la nuit, deux blessés à transporter.- Les obus tombent dans un rayon rapproché du poste, nous devons nous méfier à la sortie de l'abri.- Jusqu'au matin, nous avons six évacués par les gaz.-

Dans la journée le 29, nous arrangeons le cimetière, creusant une fosse et y enterrant un mort.- Un prêtre brancardier récite les prières des morts avant que nous commencions de l'ensevelir.- Le soir je monte au poste n°2 et nous voyons arriver la relève à la nuit du 1er octobre sans qu'aucun blessé ne se soit présenté.- Les 2 et 3, repos.- Je profite pour aller revoir Fernand et nous communiquer les nouvelles sur la santé d'Emilie ; nous prévoyons l'issue heureuse de la maladie.- A la nuit, je monte au poste n°3, l'artillerie est active, la pluie persistante, deux blessés à transporter dans la nuit, il nous faut prendre garde de tomber car les caillebotis sont glissants.-

Le 4, journée tranquille et à la nuit une équipe vient nous relever.- L'ordre parvient vers le soir que le régiment est relevé, la musique doit se rendre à West Vlaanderen.- Un musicien reste pour garder les sacs des hommes de nos équipes et attendre leur venue des lignes.- Dans la nuit ils nous rejoignent au village, nous dormons profondément, tous les hommes de la C.H.R. logent dans les dépendances d'une usine.-

Certains d'entre eux s'occupent de la répartition des vivres.- Nos camarades, derniers arrivés, très émus, nous annoncent l'irréparable malheur survenu à quatre de nos bons amis, qui formaient équipe au poste n°2.- Un obus malencontreux autant qu'inattendu, puisqu'il a été le seul tiré à ce moment, a fauché et déchiqueté nos camarades Charvet,

Gauthier, Bain et Fenéglietto.- La relève se faisant languir et ne tenant en place, la mort était venue les surprendre, alors que tout équipés, droits dans le trou carré situé à la porte de l'abri, ils cherchaient à apercevoir ceux qui devaient venir les remplacer.- L'obus arrivant sur leurs têtes avait frappé sur l'encoignure du trou, soulevé la plaque blindée qui masquait l'orifice et était venu éclater au milieu d'eux les réduisant en bouillie.- Nous sommes atterrés.- Leurs corps ont été inhumés au cimetière du poste n°1.- Par souscription une couronne a été offerte et dans la journée du 7, l'aumônier militaire est allé en notre nom la déposer sur l'endroit où nos camarades dorment leur dernier sommeil.- A regret nous avons dû suivre le régiment qui se rend à Roosbrugge.-

En arrivant au camp deux dépêches me sont remises.- Fébrilement, je les décachète, un serrement de cœur m'étreint, elle m'apporte l'assurance que ma chère Lilie n'est plus, elle s'en est allée le 5 du mois.- Rien pour m'expliquer comment cela a pu se produire.- Et ces pauvres parents tout seuls dans l'adversité.- Mes camarades s'informent de ce qui vient de m'arriver.- Je vais trouver le chef de musique puis le sergent-major, la loi est formelle, elle reconnaît comme lignée directe le père et la mère, mais n'autorise aucun congé de détente pour permettre à un frère d'assister à l'enterrement de sa sœur, par dérogation, il lui permet de se rendre s'il s'agit d'un frère mort au champ d'honneur.- Le colonel pressenti ne peut enfreindre le règlement.- Fernand lui aussi, malgré des démarches pressantes ne parvient pas à obtenir l'avance de son tour de congé. Il me faut résoudre à confier à une simple feuille de papier, toute la douleur et la résignation que nous devons contenir en présence du grand malheur qui atteint notre foyer familial en la personne de notre sœur aimée.-

Dans cette épreuve, le chef de musique, M. Salins, m'a montré que sous son habit d'officier, il avait conservé l'habitude du chien de quartier, de ces lépreux qui vivent toute leur vie militaire sans être sensibles à quoi que ce soit.- Tous les autres m'ont témoigné de la sympathie.-

Dans la journée du 18, Fernand est venu m'embrasser.- On se réconforte mutuellement.- Il déjeune avec moi, le courrier m'apporte des nouvelles des parents.- La tristesse est grande.- 1er novembre, je vais chanter la messe, concert l'après-midi.- Le 2, messe des morts.-

Le 7, départ en auto pour Oostvleteren, la pluie tombe.- Le 9, nous montons en ligne le matériel du major.- Sur des brancards sont entassés pêle-mêle des matelas, poêle, charbon, instrument de chirurgie, désinfectant, draps de lit, que sais-je encore ! Ces messieurs désirent avoir leurs commodités, et sans se soucier que la route est longue et mauvaise, que nous avançons par moments dans un bourbier, et qu'il nous sera difficile bientôt de retenir notre marche sans nous vautrer à terre avec nos brancards à charrier, chargent sur ceci un poids moyen de 150 kgs.- Je me demande comment le brancard a résisté à la charge.-

Une fois parvenu au poste désigné, impossible aux musiciens de demeurer à l'intérieur, vu la petitesse du local servant de poste de commandement et de secours.- Après avoir cherché ailleurs un abri introuvable, nous avons dû nous contraindre à nous entasser pêle-mêle, enchevêtrés, et les yeux fermés attendre le jour ou bien par moments le réveil inattendu à cause d'un pied posé sur le ventre par un d'entre nous qui essaie de parvenir à la porte du taudis afin de satisfaire un besoin urgent.- Comme agrément, nous sommes dérangés deux fois pour aller au poste de secours du bataillon quérir des blessés.- Le chemin à suivre est marqué par des fascines*41 sur lesquelles court une main (fil de fer tendu).- La nuit est opaque, la boue a recouvert en grande partie le passage.- Il s'agit pour nous de ne pas nous écarter du chemin, car un danger très grand nous attend, nous pouvons nous enliser dans les plaines inondées par la rupture des digues.-

Nous allons nous rendre en avant de Merkem.- Au deuxième voyage, nous perdons notre chemin dans notre hâte d'arriver, et nous avons à craindre que l'artillerie boche ne commence la danse.- Nous posons le blessé à terre, et allons reconnaître la route.- Au bout d'un quart d'heure, nous parvenons à être sur le bon chemin et nous nous pressons pour quitter ces lieux marécageux.- Nous arrivons à des abris bétonnés situés à 500 mètres du village.- A peine sommes-nous à l'abri que des rafales successives de tous calibres encerclent ces abris.- Après une longue attente nous repartons et amenons enfin notre blessé au poste de secours de Merkem.- De là, nous le prenons à nouveau, une fois pansé pour le remettre aux brancardiers divisionnaires qui se tiennent un peu avant le poste du médecin-chef et du colonel.- Le 10, à 5 heures du soir, nous sommes relevés.- Ce que nous avons craint, dans ce secteur, c'était le passage sur une passerelle longue de 200 mètres avec un blessé à charrier.- Des deux côtés une mer de boue s'offrait à nos regards.- En arrivant à Oostvleteren, je vois Fernand ; le 3ème R.I. n'a pas occupé les tranchées.- Je passe la journée avec le frangin.-

Le 12, départ pour Looberghe puis pour Wayembourg, nous prenons le train, et au lieu d'avoir notre débarquement à Bourbourg, nous descendons à Gravelines.- Par la route, nous faisons une randonnée pénible, énervante, car la pluie ne cesse de tomber, crispante, quand on s'aperçoit que nous passons Bourbourg (12 kms déjà dans les jambes) pour atteindre Looberghe.- Après une marche harassante de 20 kms, nous arrivons dans un cantonnement propret.- La moitié de la musique est à Oye avec le Colonel, le 16, nous allons les rejoindre.- Le 17, départ pour Nieuport en Belgique.- Nous débarquons à la Sablière et couchons dans des baraquements près de la gare : des obus tombent tout près ; les avions nous survolent fréquemment.- Le soir des bombes sont lancées dans nos alentours.- Nous apprenons que la majeure partie des habitants a été évacuée.- A Coxyde Ville et Bains ainsi qu'à Oostduinkerke Ville et Bains, seules quelques personnes logent encore dans des maisons isolées dans les dunes.-

Je vois Fernand, il n'est pas trop éloigné de moi.- Nous entretenons à certaines heures le cimetière.- Le 27, Fernand me fait tenir une lettre m'annonçant son départ à Nice pour son mariage.- Le 2, mon équipe est relevée, nous descendons à Coxyde-Bains.- Les 30 et 1er décembre, études.- Le 2, je monte en ligne.- Le 18, mes camarades vont en ligne pour servir des brancardiers.- Je demeure au cantonnement avec quatre ou cinq musiciens.- Le 20, je monte en ligne.- Fernand est rentré de perm, il me fait parvenir un colis qui m'était destiné.- Le 24 au soir, je suis relevé et à mon arrivée au cantonnement, j'embrasse le frangin qui m'attendait impatiemment.- Le 25, nous accomplissons tous deux notre devoir de chrétien.-

La neige tombe en abondance depuis quelques jours.- Le soir nous partons, sans qu'il me soit possible de prévenir Fernand, nous allons à Adinkerque, cantonnés dans des baraquements peu confortables.-

Le 6 janvier 1918 au soir, je pars en permission et le 9 arrive à Nice.- J'embrasse mes chers parents, quelle tristesse dans ce foyer autrefois si gai.- Lina s'ingénie pour me combler d'attentions ainsi que les miens, mais papa et maman demeurent inconsolables.- Ma permission s'écoule, le 20, je me trouve installé à nouveau dans un wagon, allant vers le front rejoindre le régiment.- Le voyage s'effectue pour moi avec tristesse.-

Le 23, je suis à Dunkerque et je rejoins mes camarades à Malo Terminus.- Du 24 au 31, répétitions.- Aux heures de repos, nous profitons de la marée descendante pour jouer au football sur la grève, ou bien partir à la recherche de coquillages.- Sur un bateau échoué nous pouvons remplir notre musette de moules fraîches.- Ici, le régiment est cantonné dans des villas. Le 2, j'assiste au village à une projection cinématographique et à 20 heures, je rentre au cantonnement.- Nous logeons dans une ferme aux abords du village.-

Mes camarades couchent dans la soupente d'un hangar, sur la paille.- Une ouverture servant de porte-fenêtre ne peut être atteinte qu'en escaladant une échelle vermoulue.- Ciais, Barrié, un algérien et moi-même avons occupé une petite pièce attenante au hangar.- Un poêle de fortune y est installé avec un trou d'aération creusé dans la paroi.-

L'extérieur est recouvert entièrement de papier goudronné et l'intérieur par de la toile d'emballage.- Entre ces deux parois le vide a été comblé par de la paille.- Le tout est soutenu par une charpente formée par des branches liées entre elles.- Une fenêtre est aménagée et les persiennes en bois pleines sont rabattues.- La porte se trouve cadenassée dès notre arrivée.- Au fond de la pièce se trouve la paille de couchage.- Une lampe fabriquée avec une bouteille contenant de l'essence, un bouchon troué dans lequel passe la mèche amadou, dont un bout trempe dans la bouteille et l'autre sert à l'allumage, permet d'éclairer la pièce.- Ciais est déjà couché car il est fatigué et son inséparable Barrié vient d'acheter à la ferme du lait qu'il va faire chauffer sur le poêle de fortune, qu'ils ont eux-mêmes transformé selon leurs convenances.-

Durant ce temps, j'ai pu me coucher et profite de lire un journal ; au dehors la pluie continue à tomber.- Soudain, j'aperçois une étincelle jaillir du tuyau et moins d'une seconde après la baraque paraît toute embrasée.- En vitesse, nous sommes debout, nos effets s'entassent au dehors sur la boue, avec des seaux d'eau, nous tentons d'arrêter les progrès du feu.- Nos camarades qui sont couchés sous la soupente du hangar sont incommodés par la fumée.- En effet, nous ne pensions pas que le feu puisse se communiquer si vite, mais le haut du mur ne servait pas de point d'appui à la toiture, entre se trouvait de la paille.- Aussi devons-nous crier "sauve qui peut !", chacun se dépêche d'évacuer les lieux emportant tout ce que leurs mains peuvent attraper et le jetant à terre du haut de la fenêtre.- Le plancher menace de s'effondrer, malgré leur volonté, ils ne peuvent tout sauver.- Aidés par les fermiers, une chaîne se forme et le feu ne parvient à s'éteindre que quand les quatre murs seuls sont debout.- Une écurie est aménagée et une fois la paille de couchage placée nos camarades peuvent se coucher.- Il est minuit.- Les quatre auteurs du sinistre ont pour mission de veiller à ce que le feu ne se propage à nouveau.- Le 3, la musique doit s'occuper du déblaiement.- Le lieutenant Lagarde de la C.H.R. est chargé d'ouvrir une enquête afin de déterminer les responsabilités.- Chacun de nous est questionné sur la provenance du délit d'incendie, nos réponses sont identiques et quelques jours après, l'affaire est close.- Les fermiers ont été indemnisés.-

Les 4, 5 et 6, études.- Le 7, nous apercevons dans la direction de Furnes un incendie, c'est le cantonnement de la C.H.R. qui brûle, la guigne nous poursuit.- Les dégâts sont importants, huit chevaux sont morts.- Les sacs de permissionnaires, la caisse à musique, les cantines et la canne du tambour-major ont brûlé.- Le 8, nous déménageons à la ferme d'à côté ; le cantonnement est désagréable, en ce sens qu'un rien peut suffire à provoquer un incendie et qu'une seule issue à 12 m de hauteur à laquelle donne accès une échelle vermoulue peut nous permettre l'évacuation.- Le froid est vif, il gèle fort ; je vois Fernand souvent.- Le 19, nous embarquons direction Oye (Pas de Calais), bon cantonnement, village gai.- Le 1er mars, une bourrasque s'abat sur la région, vent, pluie, neige, grêle, on pourrait croire que tout va tomber.- Le 7, concert à Oye, le 10, à Grand-Fort-Philippe.- Le 19, nos sacs préparés, nous partons pour Ghivelde, nous logeons dans des baraquements, le secteur n'est pas calme.- Le 25, nous arrivons à Adinkerque, nous travaillons à la gare.-

Le 27, je suis planton à l'infirmerie, le village est bombardé, il faut prévoir les soins pour des blessés.- A 10 heures nous repartons à Ghivelde et le 28, à quatre heures du matin, nantis de vivres de réserve, nous embarquons direction inconnue.- A 16 heures, nous débarquons à Boves après avoir dépassé Amiens.- Dès la sortie de la gare, on nous aligne le long du remblai du chemin de fer en attendant les ordres à venir.- Je vois Camous qui me donne des nouvelles de Fernand.- Le Colonel Laucagne se rend compte du danger que nous courrons et nous fait évacuer les lieux.- Deux minutes ne s'étaient écoulées que plusieurs rafales d'obus éclatent sur notre ancien emplacement.

A la nuit, nous traversons la côte, en marchant de distance en distance, pour atteindre Boves où nous passons la nuit dans une remise en compagnie de superbes vaches (laitières, bien entendu).- Dans la ville grand charroi, beaucoup de troupes.- On y rassemble les Anglais, qui seuls ou en groupes y déferlent venant des lignes.- Beaucoup ne cachent pas leur désappointement, guerre finie ! Nous partons ! Les boches sont là ! *Tous sont déprimés et nous comprenons le rôle que la division est appelée à remplir.-*

Le 29, nous passons à Saint Fuscien où nos instruments sont laissés pour le port d'un brancard et nous nous dirigeons sur Fécamp où nous trouvons notre médecin-chef.- En cours de route nous croisons des files d'Anglais qui nous souhaitent plus de succès.- Dans la maison que nous occupons les infirmiers ont découvert une cave bien assortie et en leur compagnie nous dégustons ce nectar précieux et aimé des soldats.- Le 30, je fais partie des premières équipes et suis désigné pour me rendre au 2ème bataillon.-

Le poste de secours est placé à une des sorties du village de Bertheaucourt-les-Thennes.- Au lieu de suivre la route repérée par les obus, nous prenons le raccourci qui descend la côte à travers bois et traversons la petite rivière sur un bateau de pêche pour atteindre Thennes: nous logeons dans une cave où des matelas sont étendus.- Dans le village nous pouvons avec les brancardiers du bataillon mener bonne chère, des lapins et poulets s'y trouvent encore et les caves garnies de bon vin et cidre.- Le 31, nous joignons Domart sur la Luce pour y chercher 4 morts et 3 blessés.- La route n'est pas sûre, constamment battue surtout dans la traversée du village.- Notre tâche se termine sans encombre.- Le 1er avril nous creusons les fosses, et à la nuit nous les enterrons.- Ensuite, nous partons pour aller coucher à Domart sur la Luce près du médecin-chef.- Le village est bombardé sans répit.- Nous sommes impatients d'être commandés pour un service car gare aux rafales et nous sommes dans la rue.- Le départ d'une giboulée est perçu : chacun se précipite à l'intérieur au risque de marcher sur les blessés étendus dans le poste.- Pour ma part, je n'ai eu qu'à pivoter sur moi-même en rasant le mur, pour me trouver à l'intérieur.- Les obus éclatent et des éclaboussures de terre viennent ternir ma capote, un brancardier, le nommé Digne appelle au secours, nous allons le chercher, il a les deux jambes sectionnées.- Un caporal divisionnaire a été légèrement touché.- Mon équipe est chargée d'amener un blessé à l'automobile qui stationne à l'entrée du village.- Le soir après un examen approfondi de la cave nous décidons de creuser un abri profond qui prendra naissance dans la cave et que nous étayerons.- Et de suite nous y travaillons avec acharnement.-

Le village est constamment bombardé, bientôt aucune maison ne demeurera debout.- La terre retirée est placée au dessus de la voûte.-
Dans le village on a découvert dans une maison toute morcelée par les obus un mort et deux vieux qui opposent de la résistance à abandonner le terroir.- L'ambulance les évacue vers l'arrière.- Dans la soirée, l'ordre arrive de creuser dans les jardins du château pour enterrer cinq morts et nous nous mettons à l'œuvre.- Dès que nous jugeons le trou assez profond nous les ensevelissons.- Les boches n'ont pas omis de nous sonner d'importance ; mais personne n'a été touché.- Le 6, on commande à mon équipe d'aller à la barricade près des lignes y chercher un blessé.- Nous profitons d'une accalmie pour traverser le village, le retour s'opère en vitesse sans incident.- A peine arrivés nous creusons à nouveau l'abri car il s'agit de l'agrandir suffisamment pour que les huit occupants puissent y être protégés- Le 7, je descends un blessé au relais ; mes camarades nous apprennent qu'un brancardier a été tué net d'une balle à la tête.-

Le 8, l'ordre nous est transmis d'aller sur un chemin partant de la place de l'église et conduisant au plateau pour y chercher 20 morts qui y sont déposés.- Notre travail est dangereux car nous devons traverser le coin le plus balayé par les obus.- Nous choisissons le moment propice et partons avec les voiturettes que nous conduisons à deux.- Nous arrivons et d'un commun accord plaçons deux morts sur le brancard de la voiturette.- Le retour ne s'effectue pas sans fatigue, suivre une route tamisée de trous respectables, pleine de débris de matériaux avec un chargement très instable n'est pas chose facile.- Nous dépassons le carrefour et tout suants, essoufflés, parvenons à notre abri, juste à temps pour entendre les rafales rappliquer au carrefour que nous venions de quitter.- Nous avons pu ainsi ne faire qu'un voyage.- Dans la journée, nous creusons les fosses et enterrons les corps.- Au soir, le bataillon est relevé, nous passons Domart, Berteaucourt et nous nous arrêtons à la côte 86 où nous demeurons jusqu'à l'aube.- Les boches nous envoient des rafales.- A la traversée de Berteaucourt durant la nuit, nous avons eu trois blessés dont l'aide-major.- Des soins sont donnés à l'école du village et on les installe dans une automobile sanitaire.- Dans la journée du 9, nous allons nous installer dans une ferme près de la route de Boves.

Un obus éclate peu après sur la route et fauche un cycliste et un territorial.- Une "bamboula" sérieuse se perçoit ; du coup le 2ème bataillon est alerté.- Le 10, un chargement d'obus de 75 est déposé dans la cour de notre ferme.-

Le 11, au soir, le 2ème bataillon va prendre position en avant d'Hourges, nous logeons dans une petite cave.- Dès le matin les boches nous attaquent.- Une vague de fumée empêche d'y voir à un pas.- Nous devons descendre un blessé au relais.- Nous nous hâtons dans ce brouillard intense, la route nous est connue et arrivons au pont qui est jeté sur la rivière Hourges où l'on bute sur un barrage.- Des hommes du Génie sont de chaque côté du pont et en dessous travaillent pour le miner.- Nous perçons le barrage qui est constitué par des meubles, machines à coudre, etc... et pressons le pas en vue d'arriver.- Nous apprenons que les boches ont encerclé deux compagnies du bataillon et la route du fait est prise en enfilade avec les mitrailleuses.- Une fois notre blessé déposé au relais, nous nous concertons sur la conduite à tenir pour le retour.- Nous attendons l'accalmie dans une des dernières maisons du village de Domart ; les balles continuent à balayer la route et la prudence commande de ne pas s'y engager.- Pourtant l'heure du déjeuner est passée, et l'aide major peut se demander où nous sommes terrés.-

Un de nous décide d'effectuer le trajet et promet de venir nous renseigner.- Nous le suivons des yeux grimper la côte, après le pont, il coupe à travers champ et nous le perdons de vue.- Plus d'une heure s'écoule et de temps à autre afin de nous aiguillonner les balles sifflent sur la route.- Un deuxième décide d'affronter le danger et de revenir aussitôt.- Mais le soleil s'éteint à l'horizon sans le voir revenir.- Avec Bottin, je demeure perplexe sur la situation qui nous est créée ; de plus, notre ventre crie famine et nous ne sommes plus que deux pour traîner la voiturette.- N'y tenant plus nous partons au pas de course, il s'agit primo : d'atteindre le poste du Colonel.- Là, un moment de répit nous est offert, puis nous grimpons à nouveau la côte et laissant choir le brancard à terre nous dévalons plutôt qu'entrons dans l'abri.- A notre arrivée le major vient et nous semonce ; nous aurions dû attendre la nuit, du moment que nos camarades n'étaient pas revenus notre présence n'était pas nécessaire, il n'était pas utile de braver le péril.- Mais déjà nous avons sauté sur nos musettes et cassons la croûte car l'estomac est dans les talons.- A la nuit, mon équipe doit descendre un blessé, le caporal pionnier.-

Dès le poste du Colonel dépassé, toujours au pas de course, nous continuons la route et piquons un plongeon.- Surprise ? Nous sommes voiturette et blessé dans un trou formidable qui coupe la route, c'est à un mortier de 250 que nous en sommes redevables.- Après maints efforts et toujours dans l'appréhension du danger, nous parvenons à continuer notre route.- Le blessé n'a pas eu trop à souffrir et sans encombre nous parvenons au relais.- Tout de suite, nous sommes entourés par nos camarades qui nous questionnent, le bruit ayant couru que nous étions prisonniers, vu que le poste de secours se trouvait encerclé.- En fait, nous apprendrons plus tard que les boches étaient parvenus à 25 mètres du poste de secours.-

Le 12 au soir, relève, nous descendons à la côte 84.- En arrivant à la ferme que nous occupions précédemment, nous nous rendons compte de visu des effets de l'explosion.- Un obus bien visé a anéanti la réserve d'obus de tous calibres qui était déposée à la ferme et nous la retrouvons toute rasée.- De ce fait, nous allons cantonner à Thennes dans une des premières maisons dont nous aménageons la cave.- Une première visite au village nous permet de rapporter du cidre.- Le 13 au soir, nous partons pour Fouencamps.- Je peux embrasser Fernand qui avec sa musique du 3ème R.I. n'a pas bougé du village, aussi je ne peux m'empêcher de le traiter de veinard.-

Le 14, toujours poussant nos voiturettes, nous partons pour Plachy-Buyon, la route est longue, mais la joie de filer vers l'arrière, donne des ailes.- Le 15, le tambour-major nous rejoint et nous prévient d'avoir à retourner à Sains en Amiénois pour y chercher nos sacs et instruments.- Nous passons par Prouzel (Somme) pour nous y rendre.- Le 17, repos, le 18, sac au dos, nous traversons Neuville, Leuilly, Conty, Luzières, Fontaine-Bonneleau pour cantonner à Lecoq (étape de 28 kms).- J'arrive au cantonnement harassé.- Le 19, j'embrasse Fernand qui se rend avec la musique à une prise d'armes ; au retour, je partage mon repas avec lui.- La neige tombe.-

Le 20, à 4 h. du matin départ, on se rend à Marseille ? Renseignement pris, pas d'illusion à avoir, c'est de Marseille en Beauvaisis qu'il est question.- Étape de 25 kms, nous allons paraît-il embarquer en train.-

En effet, nous y parvenons à 10 h et après avoir mangé l'ordinaire de la roulante et touché des vivres de route, nous embarquons à 13 h dans des wagons à bestiaux (nous y sommes peut-on dire entassés comme des moutons), on file vers Bar le Duc.- A la nuit nous débarquons à Nançois-Tronville, près Bar le Duc et de là, nous nous dirigeons vers Guerpont (3 kms) pour y cantonner ; grange convenable à notre disposition.- Le 22, le chef de musique nous avise qu'il va nous passer une revue d'armes.-

Après nous avoir placés en rond dans la grange, il prend plaisir à nous ennuyer sur des détails qui sont du domaine d'un adjudant de quartier et non d'un chef de musique.- Au moment où il arrive près d'Aymard, un coup de feu retentit.- La balle se loge dans un genou de Gibert.- La blessure est douloureuse mais pas grave, le chef l'a échappé belle et il est du coup refroidi.- La revue est terminée.- Notre camarade transporté à l'infirmerie est évacué ; il aura sans doute la possibilité de ne plus remonter au front.- Le 23, concert.- Du 24 au 27, études.- Le soir, j'effectue les 7 kms qui me séparent de Fernand et lui souhaite sa fête.- Le 28, concert à l'I.D.- Le 29, à Guerpont.- Le 30, sac au dos, nous allons à Dugny, logeons aux casernes de Verdun (Faubourg Pavé).-

Le 1ᵉʳ mai, j'étais en train de me débarbouiller quand j'aperçois Fernand qui sort d'un bâtiment vis-à-vis.- J'apprends avec plaisir qu'il est tout près.- Le 2, nous montons au lieu-dit "les marrons" près du poste de secours du médecin-chef.- Secteur tranquille mais le sol témoigne qu'il a dû servir de scène à des combats meurtriers.- La dévastation n'est pas peu dire : le sol a été bouleversé par le marmitage intense, les forêts n'existent plus que de nom, les routes sont déplacées, les villages engloutis sous terre.- Il n'est pas rare de voir des ossements à fleur de terre, l'odeur cadavérique se dégage en maints endroits.- Aux approches de Verdun, nous avions remarqué de grands cimetières à flanc de coteau, cela nous avait fort surpris.- Les "marrons" sont situés tout près du village de Vaux ; quelques pierres en marquent encore l'emplacement.- Perché au haut de la montagne le fort de Vaux bien éprouvé continue à défier les boches.- Un lac s'étale entre le village et la colline.-

Le 3 mai, je suis appelé, une visite… surprise, c'est l'ami Giambi qui est venu me dire bonjour.- Il est dans le secteur, logé assez près de nous, j'aurai l'occasion de le voir souvent.- Notre logement laisse suinter l'eau du plafond et des murs, humidité constante.- Le soir je suis de garde ; mon rôle est de prévenir les camarades si des obus à gaz rappliquent sur nous.- Le 4, nouvelle corvée ; nous devons le soir venu accompagner chacun un mulet qui va apporter aux lignes l'eau (élément nécessaire aux troupes).- Nous remplissons deux barriques que l'on place de chaque côté du dos de l'animal.- Le 6, je vais chercher un malade au Poste de secours du bataillon ; le soir garde pour les gaz.- Le 7, repos.- Le 8, corvée mulets.-

Le 9, je suis de corvée de ravitaillement et de bois, je me sers du wagonnet pour le transport.- Fernand est venu avec Giambi me trouver.- Le 10, mulets et jusqu'au 17, un jour vivres, puis bois, ensuite mulets.-
Le 18, je suis désigné comme brancardier à la 7ᵉᵐᵉ Cie ; je me rends au lieu-dit "Normandie".- Avec mon camarade Papillon nous nettoyons des abris.- Le 22, je vois Roland et Deperaz.- Le 27, je dois suivre la Cie au travail.- Le 29, en me rendant au lieu de travail, un

coup de main*42 se déclenche ; l'artillerie donne fort, les balles sifflent sur nos têtes.-

Je suis dans la tranchée et y recherche un abri rapproché.- L'accalmie arrive et nous continuons la route en avant.- Le 30, le coup de main surprend la Compagnie au travail du côté de Bézonvaux.- Heureusement, chacun a pu se garer ; les boches nous gratifient d'obus à gaz.- Je suis dans un repli qui sert de poste d'observation ; une simple tôle ondulée me couvre et me préserve des éclats.- Avec Papillon nous vidons les lieux et rentrons au cantonnement.- Le 1er juin, je rejoins la musique et reprends les corvées précédentes.- En surplus, dans la journée nous devons rassembler et charger le matériel récupéré par les hommes de Compagnie.- Le 6 juin, étant à la corvée de bois, je reçois sur la main un morceau de bois qu'un de mes camarades a laissé choir par inadvertance.- Ne pouvant assurer mon service, on me désigne comme distributeur de cacao et thé (institution créée par l'Y.M.C.A. *43) aux marrons.-

J'y demeure bien tranquille jusqu'au 16.- Mes consommateurs sont nombreux, je sers sans bourse délier.- On me relève de ce travail pour reprendre les anciennes corvées.- Le 22, après un grand crochet par Douaumont, Fernand est venu me rendre visite.- Le soir, après l'avoir embrassé, je dois le laisser partir seul.- Je suis désigné comme distributeur de cacao au Grand Houillé, poste rapproché des lignes.- Pour y arriver, je passe devant de grosses pièces d'artillerie appartenant à la défense de Verdun.- Les boches se sont contentés de détruire les œuvres vives, ne pouvant à leur retrait les emporter.-

Giambi vient durant mon séjour me voir assez souvent et nous dégustons ensemble quelques bonnes bouteilles.- Un soir, je le raccompagne et en cours de route nous ramassons du bois que je place dans un sac.- Mon chargement est terminé, je serre la main de Giambi lui disant au revoir, mais désirant demeurer quelques instants avec moi et voulant me faire goûter des fraises des bois, il me retient.- Après la cueillette, il me donne quelques fraises et nous prenions plaisir à les déguster quand une rafale arrive.- Chacun part de son côté ; je dévale la côte à vive allure, sans oublier mon chargement, sautant les fils barbelés et, à bride abattue, j'entre dans l'abri.- La canonnade continue.- J'ai su le lendemain que Giambi a dû effectuer un long détour pour parvenir à sa cuisine.- Je demeure au poste jusqu'au 30 et le soir venu, sac au dos, je descends au cantonnement ; mon tour de permission est arrivé.- Le 1er juillet, je pars pour Verdun en suivant la route et le soir, j'embarque sur le tacot, direction Bar le Duc.- De là, le train va m'amener vers Nice.-

Le 4 à 3 heures du matin, j'embrasse les miens.- En arrivant vers Nice, le sommeil m'a gagné et en gare de Riquier, le camarade Giuglaris me réveille mais le train s'est remis en marche.- Je descends à Villefranche, et patiemment, après avoir vainement cherché le raccourci, j'ai dû, par la grande route, rejoindre la maison.- Le 16, mon congé terminé, je pars au train du matin.- Durant la nuit une collision survenue à St Raphaël provoque un retard conséquent qui m'empêche d'arriver à temps pour la correspondance à Marseille.- Je ne repars de Marseille qu'à 23h25.-

Le 17, à midi, suis à Dijon, mais je ne peux en repartir que le lendemain à 6 h du matin.- Visite en ville et le soir j'assiste au grand théâtre à la représentation de ''Madame sans gêne''.- La salle est coquette, je m'y suis bien amusé.- Le 18, départ, je passe à Troyes, Vitry le François, Favresse.- Arrêt, (gare régulatrice vers 18 heures) ; en repars direction Landrecourt où j'arrive le 19 à 5 h du matin.- A 7 heures, embarquement sur le tacot qui m'amène à Verdun, je photographie d'un coup d'œil le paysage.- A mon arrivée aux casernes Miribel j'embrasse Fernand qui n'a pour travail qu'à s'occuper à faire musique.-

Le 20 au matin, je rejoins les ''marrons'', jusqu'au 25, corvée de vivres, bois et récupération ; avec de gentils bourricots nous nettoyons le secteur de la ferraille avoisinante et des obus.-

Cauquil part en permission, je le remplace comme secrétaire à la récupération.- Depuis mon arrivée, la pluie ne cesse de tomber.- Du 25 au 6 août, j'occupe le poste assigné.- Le 7 août, la musique descend à Marceau pour y reprendre ses répétitions.- Je demeure seul investi de mon emploi pour réception du matériel jusqu'au 19 août.- L'ordre me parvient de rejoindre la musique.- Le 20, répétition.- Giambi qui durant cette période m'avait tenu compagnie a voulu descendre avec moi à Verdun et c'est lui qui m'amène vers Fernand que je languissais de revoir.- Avant de nous quitter il nous souhaite bonne chance surtout que le bruit de quitter le secteur s'agrémente de celui d'aller au pastis*44.-

Le 21, nous partons coucher à Faubourg Pavé ; je suis près de Fernand.- Le 22, à 20 heures, des autos stationnées au haut de la côte surplombant Verdun, nous prennent pour nous déposer le 23 à l'Isle en Barrois.- Le 24, prise d'armes, le drapeau du régiment est décoré, après midi, concert.- Nous sommes dans une région remplie des souvenirs de 1914.- Le chef me fait grief d'une erreur commise à la récupération, erreur que je récuse comme m'étant imputable et à seule fin de le satisfaire, je promets de me rendre à Génicourt pour m'informer amplement.- Croyant raccourcir l'itinéraire, je prends la route de Condé, Louppy le Petit et puis à travers bois.- Mais à ce moment je perds ma direction et ce n'est qu'à la nuit que j'arrive à Génicourt.- Renseignement pris, je rentre très tard au cantonnement, content de pouvoir préciser au chef que l'erreur s'est produite durant ma permission de détente.-

Mes camarades m'informent que dès le matin nous allons ''dévisser''*45.- Vite, je m'endors pour reprendre des forces et le 25, comme les collègues, je parcours la route qui nous sépare de Mussey où nous embarquons en train vers 16 heures.- Nous débarquons le 26, à 8h du matin à Pont Sainte Maxence où nous cantonnons.- Le 27, concert.- Le 28, à 4 heures du matin, départ en automobile pour arriver à Villemontant (Aisne).- Le 29, départ au matin pour Ecuiry en passant Rosières.- Nous parquons dans le bois.- Une lettre du brigadier de poste de Giambi me parvient et m'annonce qu'un malheureux obus vient de le blesser grièvement et tuer son camarade Surel alors que tous deux se trouvaient sur le seuil de la cuisine.-

Le 1er septembre, vers 19 heures nous nous dirigeons sur Tartiers ; nous passons par Septmonts, Saconin, Vaux, Pommiers, y

94

traversons l'Aisne et le 2 septembre à 7 heures du matin nous arrivons au village.- Le soir, je fais partie des équipes désignées pour suivre le 2ème bataillon.- Nous passons Chavigny et prenons possession d'un abri situé avant Leury au bas d'un ravin pour y passer la nuit ; notre artillerie tonne avec fracas.-

Il paraît que l'Etat-major veut se rendre maître de la route de Soissons à Laon.- Le 3 au soir, nous sommes à Leury, logés dans des grottes dites champignonnières.- Je vais en renfort au 1er bataillon et jusqu'à 6 heures du matin y fais l'office de brancardier.- La casse est sensible, nous devons éviter le passage du village (zone dangereuse) aussi, allongeons-nous le chemin.- Le 4, nous continuons l'évacuation des blessés.- Je vais à 400 m des lignes en chercher un.- Les compagnies progressent par bonds successifs.- Le 5 au matin, je vais chercher un mort qui est couché dans le bled.- Nous comprenons que les boches décollent*46, une route qu'on ne pouvait emprunter sans danger de mort sert d'autostrade à des convois de toutes sortes filant à vive allure.- Il s'agit de garder contact avec l'ennemi.-

Les renforts arrivent et nous ignorons où sont allés les compagnies du régiment.- Dans la soirée, le poste de secours suit le mouvement.- Nous coupons la plaine et apercevons les lieux où nos soldats ont commencé la poursuite car nous y étions venus la veille y prendre des blessés.- Après la traversée d'un bois où les boches tenaient résistance nous remarquons l'indice d'un départ précipité.- A terre des objets personnels, bidons, munitions en nombre appréciable ont été abandonnés dans la hâte.- Nous arrivons à 19 h à la ferme de Margival et occupons des abris situés deux kilomètres avant.- Pas de ravitaillement.- A la nuit, nous prenons possession d'un abri sur la route de Margival à Laffaux.- A peine arrivés, l'équipe doit porter le Cdt Coquet, blessé, au relais divisionnaire installé à Vézilly.- En arrivant à ce village, il nous a fallu montrer de la volonté pour rechercher dans les ruines l'abri occupé par les brancardiers invisibles, et ce, sous la menace d'une rafale prochaine.-

Dans la journée du 6, rien, l'artillerie boche est plus active, on dirait que l'ennemi désire garder les nouvelles positions.- Fernand de passage sur la route, retour d'un transport de blessé, s'arrête pour m'embrasser.- Il loge dans un abri au sommet de la route.- Durant la moitié de la nuit, je vais en renfort au 3ème bataillon.- Le 7, à 5 heures du matin, nous nous abritons dans les grottes de Laffaux.-

Les boches ont été raisonnables et nous ont permis d'arriver ; nous sommes dans des abris vastes et solides, les issues ne sont pas garanties.- Deux équipes avec un blessé par voiturette vont par la route par laquelle nous sommes venus pour transporter les blessés à Margival.- A peine les premiers cent mètres franchis que les mitrailleuses et le canon les saluent.- Fort heureusement après une émotion légitime ils réussissent à traîner les blessés dans un boyau et par là à poursuivre leur chemin.- Dès leur retour nous apprenons par eux la frayeur qu'ils ont ressentie.- Mon tour arrive, l'équipe a un blessé à transporter, nous décidons de l'évacuer par le ravin et de là, gagner le G.D.B*47 à Margival.-

Dans le ravin des obus de gros calibre éclatent par rafales, mais on a des abris distancés qui permettent de se garer.- Au moins par ce chemin nous n'avons à craindre que les obus.- Sept kilomètres pour aller, autant pour le retour.- Le 8, nous apportons dans la journée un lieutenant qui a une artère sectionnée, la nuit se passe sans travail.- Le 9, à la nuit, pour joindre le relais et éviter le trajet au moulin qui n'est pas rassurant à effectuer avec un blessé nous suivons la ligne de chemin de fer.- J'ai un pli à remettre au G.D.B ; mes camarades attendent mon retour.-

Afin d'y arriver plus vite, je coupe à travers champs et viens m'empêter dans un réseau de barbelés.- Ayant entendu des pas et appelé à l'aide, je parviens à sortir de l'impasse et puis ma mission terminée, je rejoins mes camarades et avec eux Laffaux ; le terrain est détrempé par les pluies successives.- Le soir le bataillon est relevé, la nuit étant noire, nous filons par la route avec notre blessé pour activer.- Au 2ème voyage, nous emportons nos affaires et après avoir dépassé la ferme de Margival, nous essayons de gagner Leury en faisant en sens inverse à travers plaine le trajet accompli lors de l'avance.- Nous y parvenons et prenons repos pour la nuit aux grottes de Leury.- Ces dernières sont habitées, force nous est de demeurer de 3 h à 10 h du matin sans pouvoir se coucher. Le médecin du bataillon nous rejoint et nous partons à Chavigny où nous cantonnons.- Le 11, nous recevons l'ordre d'enterrer les morts sans sépulture qui nous environnent, un boche est enseveli.-

Le 14 au matin, nous revenons au pont de chemin de fer.- En allant à la corvée de soupe, je rencontre Armand Garbarino qui me demande de reconnaître les morts étendus en pleine route, au croisement de Margival au moulin.- Je m'y rends et reconnais le pauvre Vachier Joseph.- Il a été fauché avec trois de ses camarades, il venait depuis peu d'être nommé adjudant de bataillon.- Pauvres parents qui à cette heure encore le supposent plein de vie et d'ardeur.- Un ballon d'observation est descendu en flamme par le tir d'une mitrailleuse d'un avion ennemi.- L'officier s'échappe par les soins d'un parachute.- A minuit nous partons pour Clamecy.- Les 15, 16 et 17 on cantonne dans une grotte infecte.- Le 17 au soir, nous rejoignons le bataillon en réserve à Laffaux.- Les obus rappliquent sans arrêt. Le 18, vers 16 h au moment où je sortais pour me rendre auprès du médecin-chef, un obus qui éclate tout près me gratifie près de la tempe gauche de l'envoi d'une pierre.- Heureusement rien de grave, un peu de sang perdu et avec un pansement, dans deux jours tout aura disparu.-

Le 20, nous enterrons douze corps (français ou boches).- Le bruit nous parvient que les boches dévissent*48 et que nous avons fait 500 prisonniers.- Il va falloir les poursuivre, dès le soir nous occupons les carrières d'Allemant. Il est confirmé que l'Etat-major d'un régiment et 500 hommes ont été faits prisonniers dans cette grotte.- Cette fois la musique en entier est, avec le médecin-chef, installée dans la grotte.- Le 21, je porte un blessé au relais divisionnaire ; pour sortir de l'abri nous avons 72 marches d'escalier et l'ascension avec brancard n'est pas aisée.-

Le 22, vers 23 heures, la musique doit, d'après les ordres du major, enterrer trois chevaux qui, par l'odeur de putréfaction, rend intolérable l'entrée de l'abri situé face aux boches.- Les obus y rappliquent par rafales, aussi c'est avec application et ardeur que nous opérons l'enfouissement.- Une déclivité du terrain s'offre à nous, nous en profitons pour y amener avec une pioche les restes difformes des chevaux et de suite par enchantement la terre s'amoncelle sur leurs corps.- Vingt minutes ont suffi mais on peut dire que l'inquiétude dominait au plus haut point chacun de nous.- A peine nous étions entrés que les rafales se succèdent ; des éclats pénètrent à l'intérieur de l'issue.- Nous pouvons croire que les boches ont à cœur de déterrer les chevaux, tellement ils s'acharnent à nous envoyer leurs pruneaux.- Du 23 au 27, le bombardement continue.- Le 28, nous apprenons que les boches ont levé pied et nous dirigeons nos pas vers Vaudesson.-

Coupant à travers plaine, nous arrivons à midi.- L'abri que nous occupons est solide, le village n'existe plus ; les boches offrent pour l'heure une résistance sérieuse.- A la nuit deux blessés sont amenés.- Nous devons les transporter, mais où ? L'aide-major n'est pas renseigné, le médecin-chef est à Laffaux, nous en sommes bigrement éloignés.- Nous demandons à l'aide-major la route que nous devons suivre, il nous indique d'aller à l'église du village et de tourner à droite.- Mais l'église a disparu avec le village et le bombardement demeure violent sur les vestiges qui demeurent.- Aussi, décidons-nous d'aller de l'avant et de refaire durant la nuit le trajet accompli de jour à travers plaine.- La marche est pénible car le champ est clairsemé de trous d'obus.-

De temps à autre, les obus éclatent devant nous ou sur nos arrières.- Nous parvenons à un abri et comptons nous y reposer ; à l'intérieur nous y trouvons le tampon du médecin-chef.- Il nous explique que l'abri va servir au Colonel et au médecin-chef.- Le 29 au matin, nous arrivons aux carrières d'Allemant.- La grotte est occupée par un régiment de réserve, le major refuse d'évacuer notre blessé par les soins de son ambulance et nous voilà en route pour Laffaux.- Ce n'est qu'après 12 heures de bonne volonté que nous joignons le médecin-chef.- Des ordres sont donnés pour l'évacuation des blessés.- Nous revenons à Vaudesson et le soir j'évacue un blessé au carrefour de l'Ange Gardien.- Durant la journée nous voyons la poursuite donnée sur un avion ennemi puis l'avion français tomber dans un fracas formidable tout en flammes pas très loin de nous.- A la nuit, le bataillon est relevé.- Dans la journée, j'ai rencontré Fernand, il est lui aussi au boulot, sa santé est bonne.-

Le 30, je suis de corvée de soupe, je dois aller la chercher à Allemant.- Le 1er octobre, j'amène un blessé pris au 3ème bataillon.- Je vais à Laffaux me ravitailler à la coopérative.- J'apprends que le régiment va être relevé.- Par deux fois, le général Mangin avait répondu par la négative, en disant que pour lui la relève se faisait par brancards.- En effet, le régiment se trouve bien clairsemé.- Cette fois-ci, l'ordre est venu et je retourne tout joyeux.- Le 4, dès l'aube, machine arrière, nous revenons à Laffaux y chercher nos sacs et par la route nationale, filons sur Faubourg le Reims (près Soissons).- Nous passons le coin tragique dénommé moulin de Laffaux.- A Crouy, j'embrasse Fernand.- Le soir, nous arrivons à Saint Vaast où la C.H.R. est cantonnée.- Le 5, dès 4 heures, nous allons à Longpont par Courmelles et Chaudun.- Cantonnons dans des excavations rocheuses.-

Le 6, départ pour arriver à Boullare (25 kms) où nous allons prendre du repos.- Le 9, vaccin anti typhoïdique.- J'ai souffert non de l'effet du vaccin mais de la sensation de l'aiguille.- Le médecin-chef voulait malgré tout me faire pénétrer dans la peau et par six fois une aiguille sans pointe.- Ingénument, il me demande s'il m'a fait mal, après avoir reconnu que ma peau n'était pas dure ainsi qu'il le prétendait à chaque coup d'aiguille.- Le 22, nous rentrons à Boullare, le bruit court que nous allons déménager.- Le 23, l'ordre arrive, sac au dos, nous partons direction Neuilly Saint Front (24 kms).- Le 24, nouvelle étape, direction Couvrelles, en passant à Grand Rozoy (16 kms), on y demeure les 25, 26 et 27.-

Le 28, départ pour Vailly (18 kms) où nous logeons dans des caves.- Le 29, par la route, allons à Bucy les Cerny (25 kms), nous

sommes bien près de *Laon.- On y demeure les 30, 31, 1er novembre et 2.-*
Le 3, départ pour Crécy (12 kms) nous traversons un grand parc.- Le
soir, montons en ligne.- La route est éreintante surtout en approchant de
Dercy Mortier.- La pluie est de la partie, dans la nuit opaque, nous
suivons à la queue leu-leu un sentier grand comme le pouce, surplombant
une rivière.- Un des nôtres, Crespin, éprouve la sensation du bain forcé.-
Il est repêché tant bien que mal avec l'aide d'un brancard auquel il s'est
accroché et nous continuons la route sans être par trop inquiété du tir
dont les boches nous gratifient.- Nous logeons dans des caves à la gare.-
Heureusement, pas de blessé à transporter car la route n'est guère
praticable.- Le 4, y demeurons avec le major du 2ème bataillon.- Deux
équipes de musiciens qui demeurent au poste de secours du bataillon et
logent dans une cave au village ont vu la cave s'effondrer sous le choc
d'un obus.- Quatre sont blessés.- Arnaud a eu les pieds coupés, il meurt
peu d'instant après, Durand, supportera l'amputation d'une jambe ;
Laugier et Rousselot ont reçu des contusions peu graves.- Voilà de bons
camarades perdus pour nous.-

*Le 5, surprise, les boches ont ''mis les quilles''*49 durant la*
nuit, et nous voilà lancés à leur poursuite afin qu'ils ne s'embêtent pas.-
Traversons Dercy, Erlon, Marcy et arrivons à Marle.- Au fur et à mesure
pour retarder la poursuite les boches font sauter les ponts et les points
stratégiques.-

Un peu avant Marle, le régiment quittant la route s'achemine à
travers champs.- Ne pouvant le suivre en traînant les voiturettes, nous
obtenons l'autorisation d'aller par la route.- Le major nous donne
rendez-vous à un point déterminé, mais nous fait engager dans une
fausse direction.- Nous comprenons après quelques cent mètres l'erreur
car le régiment suit un sens opposé au nôtre.- Afin de ne pas le perdre de
vue nous descendons un petit coteau et affrontons la montée de la côte,
du haut de laquelle nous pensons le découvrir.- Nous y parvenons et à
nos arrières nous voyons foncer sur nous deux éclaireurs à cheval qui
viennent s'informer de ce que nous faisons et où se trouve le régiment.-
Ils nous renseignent ensuite disant que nous sommes actuellement chez

les boches, dans un terrain non exploré et nous montrent en arrière à 3 ou 4 kms à vol d'oiseau les troupes déployées avançant derrière des groupes de cavaliers.-

Nous ne voulons en connaître plus, en vitesse, nous rebroussons chemin et apercevons au fond d'un vallon une coquette ville s'y étalant et où circulent les voitures du régiment.- Nous arrivons des premiers ; le régiment est dans un bois avoisinant, et détache des patrouilles pour savoir si la route est libre.- Les gens du village mettent peu à peu le nez à la portière et sont tout ébahis de revoir les Français.- Nous logeons à Houdainville près Marle dans une ferme.- Les boches durant la nuit signalent leur voisinage par le tir fréquent du canon.- En réalité, ce tir couvre la retraite des troupes durant de nombreux kilomètres, nous en avons connaissance dès le matin.-

Le 6, nous partons en promenade, passons à Thenailles, Chaussée de Hary.- Du point où nous arrivons, nous apercevons Vervins se détacher au bas de la côte à deux kilomètres ; nous l'écartons de notre route.- Les gens que nous croisons sur le seuil de leurs portes sont tout étonnés de rencontrer des soldats français en lieu et place des soldats allemands qui occupaient le village un quart d'heure avant.- Nous parvenons à un village où nous cantonnons la nuit ; les boches en gardent les abords immédiats.- Les gens du village sont surpris de nous voir rappliquer si tranquillement et ils nous renseignent de suite sur le voisinage des soldats ennemis.- Où je loge, ces bonnes gens s'empressent de nous donner du café, et de nous préparer un chaud cantonnement.- Ils mettent à notre disposition les vivres qu'ils possèdent et le lendemain comme notre ravitaillement n'a pu nous joindre, ils nous font cadeau de trois pains pour notre déjeuner.- Le 7, dès l'aube départ ; cette fois les mitrailleurs boches essaient de retarder notre avance en arrosant la route, tout en se postant à nouveau à chaque reculade.

Bien souvent nous devons demeurer à plat ventre.- De partout, l'accueil de la population est enthousiaste ; on nous apporte du fromage, café, cidre.- Nous passons Randouzy la Ville, Chaine Bourdon et arrivons la nuit à Pont à l'Ecu.- Abrités contre les maisons nous attendons les ordres à venir.- Les boches veulent montrer ici de la résistance.- Un soldat qui causait avec des civils est atteint par une balle de mitrailleuse.- Durant la nuit un obus tombe dans une grange et cause un mort et plusieurs blessés.- Nous les évacuons sur l'ambulance.- Le 8, nous demeurons sur place.- Le 9, dès le matin, marche en avant, nous traversons le Thon à l'Abbaye et on prend la route d'Any.- A la gare d'Any, un train de munitions prêt à rentrer en Allemagne a été abandonné ; une mine a fait sauter un wagon attelé au milieu du train.- Une cinquantaine de canons sont éparpillés sur les quais avec les convois.- A Signy le Petit où nous cantonnons, 400 automobiles sont sur la place.- Elles sont construites avec des roues en fer non caoutchoutées.- Les ambulances militaires ont des ressorts à boudin autour des roues pour conserver la souplesse.- Bon cantonnement, nous sommes au village frontière des Ardennes et de la Belgique.- D'autres unités ont dépassé en ce point le régiment, le front se resserre et nous sommes maintenant au repos.-

Le 10, je vais à l'église, on y chante le Te Deum.- A la sortie de l'office nous entendons une musique d'une division américaine.- Le régiment défile drapeau déployé, les hommes sont encadrés par des Français.- A 11 h départ, nous allons cantonner à Any (Aisne).- Des bruits avant coureurs nous parviennent ; on chuchote que l'armistice sera signé demain.- Nous prenons durant la nuit le repos nécessaire en souhaitant vivre cette réalité.- Le 11, au moment où nous vidons les lieux pour filer vers l'arrière, nous apprenons que l'armistice est signé.-

Décrire la joie qui nous étreint ne pourrait se faire car elle dépasse tout ce que les écrivains ont essayé de décrire par la suite.- On s'embrasse.- Des soldats américains manifestent bruyamment leur contentement.- Il est vrai que nous sommes en marche, et le sac au dos est un handicap sérieux pour être exubérant.- Nous arrivons à Landouzy la Ville, là, nous démontons les poussettes, heureux de ne plus avoir à les utiliser en pareille circonstance.- Notre rôle maintenant est d'égayer les troupes par des flots de musique.- Une nouvelle triste nous arrive : le camarade Arnaud, qui avait été blessé le 3 courant, n'a pas survécu à ses blessures.- Nos regrets n'en sont que plus grands, actuellement que la paix va venir.-

Mon tour de permission est arrivé ; au lieu de suivre le régiment qui se dirige vers Auge, je demeure et dès mon sac bouclé je pars à Plomion où j'attends le passage d'une automobile qui voudra m'enlever.- Peu après, j'embarque sur un tracteur qui me dépose à Gisy.- Ensuite je couvre à pied la distance qui me sépare de la gare de Laon.- Après avoir déposé mon sac au magasin du corps, j'embarque sur un train de marchandises qui m'amène à Verberie.- La nuit est fraîche, et durant le trajet, je joue des semelles.- Un autre train de marchandises m'amène à Creil.- Dans cette gare, je saute dans un train de voyageurs filant à Paris. Arrivé à la gare du Nord, je ne puis parvenir à me faufiler et avec bon nombre de permissionnaires nous sommes refoulés au Bourget et de là à Noisy le Sec, où j'arrive dans l'après-midi du 16 ; Y passe la nuit.- Le 17, on me trimballe à Vaires Triage ; enfin un train est formé qui se dirige vers Marseille.- Je n'ai qu'à y monter et le 19, j'arrive à Nice.-

Mes parents ne sont pas à la maison et ne répondent pas à mes appels.- Je m'en inquiète et tout en redescendant j'essaie de m'en expliquer les raisons.- Je ne tarde pas à être informé.- Maman est au bas des escaliers et m'annonce que monsieur Lautier vient de passer de vie à trépas et qu'ils étaient en train de le veiller.- J'en suis profondément peiné et je décide de demeurer à son chevet le reste de la nuit, afin de permettre aux miens de se reposer.- Le 4 décembre, ma permission achevée, il me faut repartir.-

Le 5, je suis à Marseille et n'en repart qu'à minuit pour Paris.- Y arrive le 6 vers 19 heures et sans trop attendre y embarque direction Ivry la Ville ; j'y parviens à 21 heures.- En repars, le 7 à 15 heures.- Arrive à Laon le 8, à 2 heures et vers 8 heures me dirige sur Ebouleau où se trouve le dépôt divisionnaire. Y séjourne attendant la formation d'un convoi de permissionnaires.- Le 10, départ avec des camarades, je m'éclipse du convoi.- Il nous sera facile de rencontrer des automobiles qui voudront nous emporter à destination plutôt que d'aller à pied, sac au dos.- En effet, dans la journée nous parvenons à Vervins.-

Le 11, nous allons à Clairefontaine (près La Capelle) et enfin arrivons à Anord où le régiment est cantonné.- Durant le séjour qui va suivre, j'ai l'occasion de voir Fernand ; chaque jour nous allons à quelques kilomètres, à un croisement du bois, nous joindre aux musiques du 3ème et du 165ème R.I. qui viennent elles aussi pour répéter en ensemble des défilés pour une fameuse revue décidée depuis longtemps.- Jusqu'au 29, répétitions et concert.- Le jour de Noël, nous avons chanté la messe et j'ai pu accomplir mon devoir de chrétien.- Le 29, nous allons à Wignehies (7 kms).-

Dans le village se trouve un cinéma placé au foyer du soldat.- M. Nique, notre sous-chef, afin d'exécuter, non dans l'esprit mais à la lettre, le dernier rapport paru, exige de nous faire laver la capote sans savon.- Réticence des musiciens qui se servent de la capote comme couvre-pied durant la nuit et craignent qu'elle ne puisse sécher, le soleil étant ce jour-là bien malade.- A toute force, nous devons les mouiller.- Pour le satisfaire, je vais à la rivière, lance sur l'eau ma capote et la retire vivement et ensuite la met à sécher.- Elle est plus sale qu'avant mais le sous-chef est satisfait.-

Le 2 janvier 1919, allons à Beaurepaire (16 kms), quelques maisons de campagne éparpillées forment le hameau.- Le 3, départ pour Pommereuil (18 kms).- Le 4, sommes à Artres (près Valenciennes) 30 kms.- Le 5, passons Valenciennes drapeau déployé pour nous rendre à Raismes 15 kms.- Le 6, sac au dos allons à Mouchin 25 kms.- J'espère que cette fois nous y prendrons racine.- Avec deux copains, Savignat et Bertrand nous logeons chez un bon vieux et nous installons le mieux possible.- Tous les jours, répétitions.- Les 12, 16, 19 et 23, concerts.- Du 23 janvier au 18 février, répétitions et études.- Certains soirs nous allons au cinéma.- Le 1er mars, j'y accompagne les nièces de notre logeur, Camilla et Colombe. Le 4 mars, nous partons à 15 heures pour St Amand, j'y fais partie de l'équipe d'embarquement.- Le 5, à 4 heures du matin le train s'ébranle, passe Valenciennes, pour pénétrer en Belgique, sous nos yeux, nous apercevons Mons, Jemmapes, Nimy, La Louvière, Charleroi (pays industriel, belle région) dans la nuit passons Namur, à l'aube sommes à Liège, puis Verviers.- Pénétrons en Rhénanie : c'est Aix la Chapelle (jolie ville, les maisons sont propres et alignées dans des rues d'une symétrie impeccable).-

Nous continuons la route après un court arrêt, c'est Düren, Cologne (l'église que l'on aperçoit est un monument remarquable).- Nous bifurquons dans la gare pour aller à Bonn, où nous découvrons le Rhin.- Là, le coup d'œil est merveilleux, encaissé entre deux collines verdoyantes, flanquées à leurs cimes de forts et châteaux que l'on découvre après des contours saisissants, on peut se rappeler au fur et à mesure les pages merveilleuses que Victor Hugo a écrites sur ce fleuve à toujours immortel.- Nous longeons la rive gauche du fleuve et nous parvenons à Coblence (très jolie ville) et enfin, le 6 au matin, débarquons à Bingen (gentille cité bâtie au confluent de la Nave et du Rhin).- Nous cantonnons à Bingenbruch.- Le 7, je vais à Bingen au foyer du soldat pour la distribution de boissons chaudes.- Le 8, y demeure.-

Le 9, à 14 h partons à Kreuznach (ville de 25000 habitants, siège du XVème corps). Nous logeons dans un lycée.- Dès l'arrivée, nous sommes consignés.- Les habitants sont en grève et manifestent.- Afin de les calmer on distribue à chacun de nous un fusil, 120 cartouches, et à tour de rôle des patrouilles circulent en ville.- Le 10, nous formons les faisceaux dans la cour.- Les automitrailleuses se promènent dans les rues, ainsi que des canons.- C'est l'intimidation qui commence.- Le 11, je suis de garde à la gare, à deux heures de l'après-midi, la relève arrive pour moi seul.- Je dois rentrer, préparer mon sac, mon tour de permission est arrivé.- Le 12, à 5 h 20, départ de Kreuznach en train.- A 15 heures, suis à Metz et l'on me dirige sur Woippy.- A 18 heures, j'en repars pour Favresse.- Y arrive le 13, à 7 heures.- A 10 heures j'en repars pour enfin débarquer à Nice le 14 à midi.- Cette permission est plus longue que les autres.- J'ai deux jours supplémentaires pour la croix de guerre.-

Le 9 avril, ma permission terminée, je rejoins le régiment, passe la gare régulatrice de Favresse, et par Woippy arrive à Kreuznach le 11 à 19 heures.- Fernand est à la gare, bonne surprise, (la musique du 3ème loge à notre cantonnement).- Le 12, je vais à Langenlonsheim, chercher mon sac à la C.H.R ainsi que l'instrument.- Le 13, la messe ; le soir, au cinéma.- Le 14, je vais à Bingen prendre le bateau, la musique est de service, elle doit agrémenter la promenade (offerte aux officiers et hommes du corps d'armée désignés pour excursionner jusqu'à Boppard et retour le long du Rhin), par des morceaux de musique (concert).- Le temps est superbe, bonne journée ; le soir, nous rentrons à Kreuznach.-

Le 15, la musique se rend à Langenlonsheim, concert et défilé.- Des jeux sportifs étaient organisés sur la plaine, nous y assistons et à intervalles y jouons des airs de musique.- Le ciel est gris, soudain des grêlons serrés nous obligent à cacher nos oreilles et une fois bien trempés, l'ordre nous est transmis de rentrer.- Le soir, je vais au théâtre.- Le 16, nous allons à Brigenbruch même programme que la veille.- Pour la retraite le départ est donné de la demeure du Général commandant le XVème corps à Bingen.- Nous sommes de retour à Kreuznach à 21 heures.- Le 17 au matin, prise d'armes à Kreuznach, remise de la fourragère au 141ème, 3ème R.I. et 55ème Artillerie.- Le 18, nous avons quartier libre, avec Fernand nous allons dans l'après-midi à Bad Münster (siège de la division).-

Nous traversons la Nahe en bateau et escaladons la colline pour arriver au Rheingrandheim.- Bonne après-midi.- Du point où nous sommes nous dominons et apercevons un joli panorama.- Le 19, retraite à Kreuznach.-

Le 20, jour de Pâques : avec Fernand, je vais à la chapelle de l'hôpital entendre la messe et communier et à 10 heures, assiste à la grand messe à l'église du village ; dans l'après-midi, concert.- Le 25, nous apprenons que le 3ème R.I. va quitter les lieux et se rendre à Saint Chamas.- Fernand en est heureux car il sera bien près de Nice.- Le 26, nous cantonnons à Langenlonsheim.- Le 29, la musique divisionnaire se forme, vu la désagrégation des musiques suite au départ des démobilisés, l'ordre nous parvient que les musiques du 55ème et du 112ème se réuniront au 141ème R.I. sous la direction de monsieur Durand, chef de musique de 1ère classe (qui est réputé de longue date comme un chef roublard, sévère et ennuyeux).- Aussi dès le début, il commence par imposer sa méthode de travail et il éprouve naturellement une résistance passive.-

Le 4 mai, journée de repos.- Je prends le train avec des camarades et me rends à Bingenbruch ; nous prenons passage sur un canot automobile qui nous fait traverser sur la rive droite du Rhin.- Ensuite nous grimpons la côte pour parvenir au sommet où se trouve un vieux château, et de là, nous rendre au National Djemal, monument Kolossal.- Pour y arriver, nous longeons les paliers de vignes et les escaladons durant la moitié de la colline à gravir.-

Le monument représente la Germanie menaçant du poing et de ses foudres la terre de France.- Elle s'est dressée de son trône pour marquer sa colère.- En bas relief, nos défaites de 1870 se détachent en grosses lettres, le monument est en bronze et a été élevé par souscription publique.- Vers le soir, nous rentrons par Rudesheim par la route et là, prenons le bateau qui fait le service avec Bingen.- Arrive à Kreuznach à 17 heures.- Journée chaude.- Le 8, concert à Bad Münster.- Le 9, concert à Kreuznach, cercle des officiers.- Le 10, même service, réception du Général de division.-

Le 11, concert à Oberstein, où loge le Général de brigade ; nous traversons sur une barque pour aller jouer dans un bois.- Le 13, en automobile, nous allons à Mayence y recevoir à 19h le Maréchal Foch.-
Le soir, les musiques du corps d'armée font une retraite à l'issue d'un feu d'artifice.- Je me rends également à Wiesbaden, qu'on peut avec raison, vanter comme le salon de l'Allemagne.- A midi, nous sommes de retour à Mayence et par le train, revenons dans l'après-midi à Bingen.- Le 15, nous saluons le Maréchal Foch à son passage le long du Rhin et le soir nous rentrons à Kreuznach.-

Le 16, je vais par plaisir faire une partie de canotage sur la Nahe.- Une rame casse et nous abordons peu après au rivage.- Le 22, nous allons aux portes du village sur la route attendre le régiment et nous le faisons défiler dans la ville.- Le 26, défilé du régiment devant le Général de brigade.- Le 27, je vais entendre au foyer du soldat le concert exécuté par la musique symphonique attachée au Maréchal Fayolle, qui est venue pour nous faire apprécier ses talents.- Au programme Messidor et l'Arlésienne.-

Le 3, à 5 heures du matin, nous embarquons pour nous rendre à Alzey.- Le chef de musique divisionnaire, M. Durand qui conduit le détachement oublie de nous faire descendre à la gare où nous devons bifurquer.- Il ne s'en rend compte que trop tard.- Après une attente de plus d'une heure, un train nous ramène à cette gare, mais la correspondance est manquée, aussi ne pouvons-nous arriver à destination qu'à midi.- En hâte nous mangeons pour assister à 14 heures à une revue des troupes.- Le Généralissime américain décore le Général de division.- Un concert est donné peu après et le soir, nous faisons retraite.-

Le 5, départ à 4 heures du matin, cette fois nous allons en tournée, je crois qu'on nous montre en exhibition.- Nous débarquons à Birkenfeld.- Une fête sportive est organisée, nous devons l'agrémenter d'un concert.- Le 10, nous assistons aux funérailles d'un officier du 141ème R.I. décédé à l'hôpital des suites d'intoxication par les gaz.- Le 11, allons sur la route attendre le régiment, retour de marche, pour le faire défiler dans les rues de Kreuznach.- Le 12, nous allons à Mayence pour y prendre le bateau affecté à la promenade du Rhin.- Mais en arrivant, nous apprenons que le bateau a mis les voiles et le chef décide d'aller à la poursuite par voie ferrée ; nous le rattrapons à Boppard.-

A 17h30 débarquons à Mayence, et à 21 heures nous arrivons à Kreuznach.- Le 13, au champ de course, concours gymnique.- Le 15, concert à Bad Münster et le soir à Kreuznach.- Le 17, départ, allons à Rüdesheim, nous allons occuper les points avancés de la ligne de démarcation.- Les boches doivent se prononcer s'ils acceptent les conditions du traité de paix, sinon, c'est la marche en avant.-

Le 18, nous avançons sur Etville, et y cantonnons.- Le 19, arrivons à Langenschwalbach.- Chaque musique a rejoint son unité, la musique divisionnaire est dissoute.- Le village est une station thermale ravissante.- L'eau est bien agréable à boire, j'en fais une cure durant mon séjour.- Nous sommes à quelques kilomètres en avant de Wiesbaden.- Le 23, dans la soirée, nous apprenons que les Allemands ont promis de signer ; le 30, allons à Geisenheim.- Nous évacuons la zone occupée sur la rive droite du Rhin, les boches ont accepté sans discussion les conditions imposées ; dans l'après-midi, concert.- Le 1er juillet, nous partons à Bingenbruch.- Le 2, nous allons attendre le bataillon sur la route de Kempten à Bingen, défilé au retour.-

Le 5, la musique divisionnaire est reformée à Bingen afin d'être prête pour la cérémonie du transfert des cendres de Hoche.- Le 7, départ à Weissenthurm où a lieu la cérémonie vers 16h50 en présence du Maréchal Foch et du Général Mangin.- Les cendres sont transportées au Panthéon.- Au retour, au lieu de suivre avec la musique divisionnaire, nous demeurons à Bingenbruch avec la C.H.R. du régiment.- Le chef a persuadé le Colonel que nous étions en mesure par nos moyens de faire musique.- Le 14, revue sur les bords du Rhin, face au National Djemal.- Le soir grand bal au Festhalle, nous y faisons orchestre jusqu'à trois heures du matin.- Feu d'artifice.-

Depuis cinq jours, j'aurais dû partir en permission mais volontairement, j'ai attendu sous le prétexte d'être à la revue et dès le soir le chef aurait aimé me voir partir mais je m'y oppose, prétextant être fatigué.- Si ma permission a été reculée d'une semaine, le motif principal m'est connu ; le chef le suppose, mais je me garde de le lui dire.- Je ne

pars que le 16, avec l'espoir de ne plus avoir à retourner au régiment.-
J'arrive à 20 h du soir à Toul.- Je m'y arrête et dîne en ville , j'en repars
le 17 à 1 heure par le train des permissionnaires Strasbourg-Marseille.-
Le 18, à 1 h du matin, je suis à Marseille et à 2 h de l'après-midi à Nice.-
Je revois mes parents en bonne santé et mon frangin démobilisé.-

Le 9 août, ma permission est terminée.- Je m'en vais au bureau
de la place, afin d'obtenir l'autorisation de ne pas repartir, devant
normalement être démobilisé dans dix jours.- J'obtiens d'être pris en
subsistance aux casernes de Riquier, le sergent-major me remet un billet
de démobilisation et me demande d'apporter mes effets à Rusca*50.- Je
rentre à la maison m'habiller en civil et de là, je vais à Rusca apporter
mes effets et y toucher le carnet de pécules. Je ne peux en toucher le
montant car il manque la signature du capitaine et je dois écrire au
régiment pour arriver à m'en voir attribué la somme.- Enfin, nanti de
papiers en règle, je quitte la caserne Rusca, poussant un gros soupir de
soulagement.-

ENFIN LIBRE !...

Mon souhait le plus grand est que les nouvelles recrues soient épargnées pour toujours de ce mauvais cauchemar qui vient de prendre fin.- Il a duré du 2 août 1914 au 17 août 1919, soit 5 ans et 15 jours et avait été précédé par 1 an, 9 mois et 20 jours de service militaire en caserne, ce qui me constitue pour ma part une durée totale de 6 ans 10 mois et 5 jours. Ce total est tellement appréciable que je me garde de tout commentaire.

La folie des hommes n'a pas exaucé le souhait de Jules, mon Papa, si bon, si pieux, si droit.

En lisant ce journal, j'ai été stupéfait de te trouver aussi serein devant tous les événements qui auraient pu te révolter, si philosophe devant les contretemps imprévus. En tous moments tu as été humain, proche des autres et soucieux de la santé des tiens. Quelle douleur lorsque tu apprends le décès de ta « sœurette », comme tu disais ... Et cet amour que l'on ressent envers ton frangin.

Tu as toujours été si doux...

Je te revois, installé sur la table de la salle à manger, rangeant avec beaucoup d'attention les timbres de ta collection dans tes albums, recouvrant d'une couverture jaune tous tes livres de ta bibliothèque, jouant aux cartes, au jacquet, aux échecs avec passion.

Tu m'as appris à vivre en acceptant l'adversité.

J'aurais tant aimé pouvoir te dire l'émotion que cette lecture m'a procurée.

Documents Annexes

NOTES

1* *Tous les soldats appelés le même mois pour faire leurs classes.*

16* *Petit pion du loto que les soldats échangent tous les matins et conservent depuis « le père cent », soit à 100 jours de la libération. Ce jour-là, il ne leur restait donc plus que 51 jours pour finir leur service militaire.*

2* *Surnom donné à son instrument, la basse, famille des cuivres.*

3* *Le train Paris-Lyon-Marseille, ainsi appelé à l'époque.*

4* *Compagnie Hors Rang.*

5* *Hommes s'occupant du logement et des vivres avant l'arrivée des soldats.*

6* *Couper droit.*

7* *Surnom donné à son sabre*

8* *XVème Corps d'Armée.*

9* *Lors d'un rassemblement, les soldats mettent leurs fusils en faisceaux rassemblés par trois et dressés.*

10* *Obus à balles explosives.*

11* *Il s'agit du drapeau que les Lorrains (et Alsaciens) avaient conservé depuis la défaite de 1870 qui avait donné l'Alsace et la Lorraine à l'Allemagne.*

12* *Les Teutons étaient un peuple germanique. Ce nom désignera plus tard de façon caricaturale les allemands.*

13* *Un aérostat de type dirigeable rigide de fabrication allemande.*

14* *Grade ou plutôt fonction militaire, une estafette est chargé de faire passer les messages (écrits) entre différents camps ou lignes de front.*

15* *Toucher par une balle.*

16* *Sont morts.*

17* *Petite source.*

18* *Commandant.*

19* *Apprécié, estimé.*

20* *Petit pont.*

21* *Soldat assurant les liaisons.*

22* *Une petite tente, ici, petit abri.*

23* *Le « colonel » des rats…*

24* *Trou creusé et aménagé pour servir de lieux d'aisance (wc).*

25* *Lieu-dit. Il s'agit en fait d'une passerelle improvisée.*

26* *Chariot utilisé pour transporter des munitions, du matériel militaire.*

27* *Un puits artésien est un puits où l'eau jaillit naturellement. C'est en Artois qu'on a découvert le premier.*

28* Jules n'est jamais allé à Paris, en voyant au loin et sur une butte (Montmartre) le Sacré-Cœur, il croit y découvrir Notre Dame de Paris dont il a entendu parler.

29* Où il y a un large choix de marchandises.

30* Sac porté sur le dos contenant l'équipement du fantassin en manœuvre.

31* De petits wagonnets mis en service par la société Decauville et utilisés dans des carrières notamment

32* P e principal, le poste de secours.

33* Poste de Commandement.

34* Baraquement démontable construit par monsieur Adrian, ingénieur français. Il a aussi réalisé un casque en tôle d'acier qui a sauvé de nombreuses vies durant la guerre de 14.

35* Le 165ème Régiment d'Infanterie.

36* En terme de génie militaire, petite passerelle longue et basse.

37* Tactique de guérilla consistant à harceler l'adversaire sur ses points les moins défendus puis à s'éclipser et frapper un autre endroit dégarni.

38* Petits planchers de bois qui tapissent le fond de la tranchée.

39* Argot : volée de gros obus.

40* Fuir, s'échapper (humour).

41* Fagot de branchages retenant la terre.

42* Attaque surprise.

43*Association chrétienne belge francophone d'origine américaine. Young Men's Christian Association.

44* Aller au combat où il y aura beaucoup de risques.

45* Partir, changer de lieu.

46* Déguerpissent, s'en vont.

47* Grand Dépôt de Blessés.

48* Perdent pied (expression d'alpinisme)

49* Sont partis précipitamment

50* Ancienne caserne située dans le Vieux Nice aujourd'hui Tribunal correctionnel

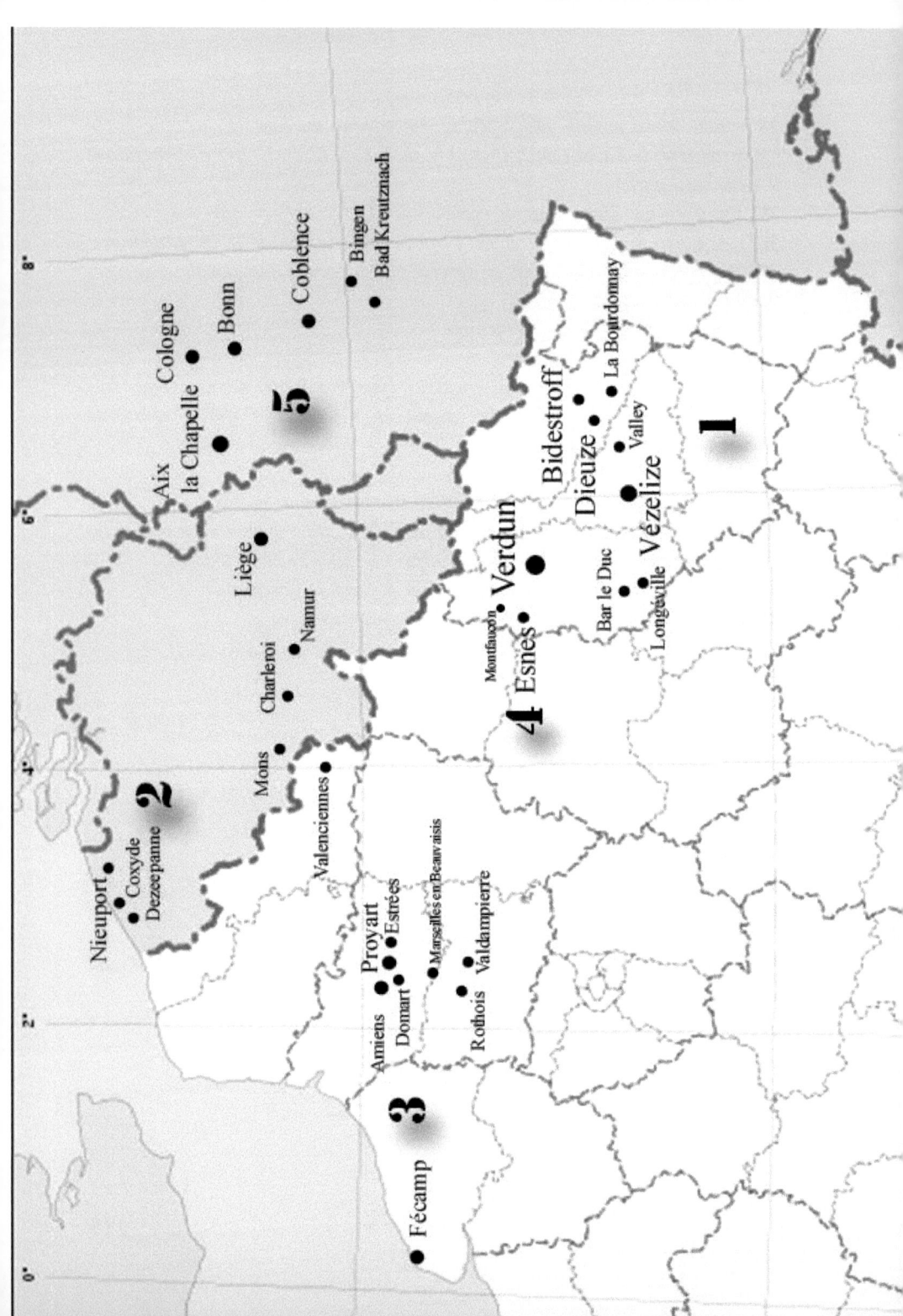

Chronologie

1914

- 28 juin : Assassinat de l'archiduc François Ferdinand, héritier de l'Empire austro-hongrois par un nationaliste serbe.

- 23 juillet : L'Autriche annexe la Bosnie. La Serbie s'y oppose. L'Autriche-Hongrie déclare la guerre à la Serbie. L'Allemagne soutient l'Autriche et la Russie soutient la Serbie.

- 30 juillet : Mobilisation générale en Russie.

- 31 juillet : Jean Jaurès est assassiné à Paris.

- 2 août : La Mobilisation générale est décrétée en France

- 3 Août : L'Allemagne déclare la guerre à la Belgique et à la France.

- 4 Août : Le Royaume Uni déclare la guerre à l'Allemagne.

- 14-19 août : Echec de l'offensive française en Lorraine.

- 6-9 septembre : Première bataille de la Marne. Les « taxis entrent en action. 2 millions d'hommes s'affrontent sur le champ de bataille. Paris est sauvé.

- 18 octobre-15 novembre : Bataille de l'Yser (1ère bataille des Flandres).

- 1er novembre : L'empire Ottoman (actuelle Turquie) entre en guerre sollicité par les allemands. Un front s'ouvre contre la Russie.

- Fin décembre : Fin de la guerre de mouvement. Les soldats s'enterrent dans des tranchées. Début de la guerre de position.

1915

22 avril : 1ère utilisation des gaz asphyxiants.

- Avril 1915-Juillet 1916 : Génocide arménien 1 million 200.000 morts.

- Mai et septembre : Echec sanglant des offensives françaises en Artois et en Champagne.

- 23 mai : L'Italie entre en guerre aux côtés des alliés dans l'idée de reconquérir les territoires de Trente et Trieste annexés par l'Autriche-Hongrie.

- Décembre : 5 millions de morts après 16 mois de guerre mais personne ne veut arrêter le conflit.

- 6 décembre : Joffre est nommé généralissime.

1916

- 21 février : Début de la bataille de Verdun.

- 1er juillet : Début de la bataille de la Somme.

- 18 décembre : Fin de la bataille de Verdun. 370.000 français, 350.000 allemands sont morts. 20 millions d'obus ont été tirés.

- 25 décembre : Le général Joffre nommé maréchal de France est remplacé par le général Nivelle à la tête des armées françaises.

1917

- 8 janvier : Premières vagues de grève en France. Le mouvement gagne progressivement les usines d'armement.

- 31 janvier : Guerre sous marine à outrance des allemands.

- 8-12 mars : Première révolution russe.

- 15 mars : Abdication du Tsar Nicolas II.

- 6 avril : Entrée en guerre des Etats-Unis.

- 16 avril-9 mai : Offensive du Chemin des Dames dite « offensive Nivelle ». 187.000 pertes pour les français, 167.000 pour les allemands.

- 15 ma.i : le général Nivelle est remplacé par le général Pétain

- Avril-juillet : Mutineries dans l'armée française.

- Juillet: Torrents de pluie. Les hommes se noient dans les tranchées.

- Octobre : 2ème révolution russe.

- 15 décembre : Armistice entre les Bolcheviks russes et les Allemands. Arrêt des combats sur le front de l'Est.

1918

21 mars-juillet : Offensive allemande en Picardie, dans les Flandres et en Champagne.

- 28 mars-8 août : Bombardements de Paris.

- 18 juillet : Contre offensive franco-américaine. 2ème bataille de la Marne.

- 8 août : L'offensive franco britannique en Picardie marque le début de l'offensive générale alliée.

- Septembre-Novembre : L'effectif combattant des américains passe de 80.000 à 440.000 pour un total global de 2 millions d'hommes en Europe.

- 31 octobre : Armistice entre les Alliés et la Turquie.

- 2-3 novembre : Avance alliée sur tous les fronts.

- 5-7 novembre : Mouvements révolutionnaires en Allemagne.

- 9 novembre : Abdication de l'empereur Guillaume II. Proclamation de la République allemande.

- 11 novembre : La 11ème heure du 11ème jour du 11ème mois, l'Allemagne signe l'armistice.

- 14 décembre : Le président Wilson arrive en France pour participer à la conférence de la Paix.

1919
- Les troupes françaises défilent en Allemagne.

- 28 avril : Création de la Société des Nations.

- 28 juin : Signature du traité de paix avec l'Allemagne dans la galerie des glaces du Château de Versailles.

- 14 juillet : Défilé de la victoire à Paris

75 Millions d'hommes mobilisés.
- 10 Millions d'hommes tués dont :
 - 1 Million 400.000 français
 - 1 Million 700.000 allemands
 - 1 Million 800.000 russes

- 20 Millions de blessés

- 15.000 « gueules cassées »
- 100 villages entièrement détruits
- Nombre d'obus tirés : plus d'1 Milliard
- Nombre de lettres échangées : près de 10 Milliards

Les premières armes d'une division du Midi
sur le front

par le général Carbillet, ancien commandant de la 29ᵉ division

I

J'ai intitulé mon sujet : « Premières armes d'une division du Midi sur le front ». Ne comptez pas y entendre un simple récit de Poilu ; j'ai une autre prétention.

Quand, par application d'une décision de nos Chambres sur la limite d'âge des généraux (en 1916), décrétant l'heure mathématique de la décrépitude finale de leurs facultés physiques et intellectuelles, j'ai quitté Nice, je me fus à ne pas rendre publics mes souvenirs de la campagne et — quoique une émotion, d'origine déjà ancienne, impressionnât encore la Région — plusieurs que, le temps aidant, les malencontreux propos tenus contre ses enfants (nos Méridionaux) en campagne, disparaîtraient bientôt dans un juste mépris.

Mais j'ai eu le grand chagrin de constater qu'après trois années de guerre, la calomnie persiste. Il m'a donc paru tout naturel — nécessaire même — de parler à mon tour et de défendre ici même la cause des Poilus méridionaux qui ont combattu sous mes ordres.

Ce n'est pas la première fois qu'un essai de loyale justification a été tenté dans le même but ; mais le témoignage capital des chefs, silencieux par esprit de discipline, a manqué à une réhabilitation définitive. J'ai déjà plaidé cette noble cause et je viens fournir aujourd'hui, pour l'honneur de nos soldats régionaux, des arguments irréfutables confirmés par la parole du chef qui a vécu au milieu d'eux, durant ces heures tragiques et glorieuses, si insidieusement traduites, si odieusement interprétées !

Au début de cette campagne devenue mondiale dans son développement imprévu, à l'heure de son premier contact avec un adversaire, puissamment armé et pourvu, alors que nos unités à peine mobilisées se portaient allègrement au-delà de cette frontière où nous saluaient dans un sourire de félicité nos frères séparés de nous depuis 1870, eux-mêmes de nos corps d'armée luttèrent dans un véritable assaut d'héroïsme.

Mais ces premiers efforts, heureux d'abord, durent se heurter à des forces très supérieures en nombre et en moyens, solidement appuyées et fortifiées sur des terrains choisis et militairement préparés d'avance. Et c'est ainsi que le XVᵉ corps d'armée — et en particulier celle de nos divisions qui s'intitulait fièrement « la division Nicolaï » — allait subir, sur ce sol que les gens du terroir appelaient déjà si pitoyablement dans le sang, à « Traquenard de Dieuze » la plus terrible, mais le plus douloureuse, la plus sanglante épreuve.

À l'interprétation fâcheuse des opérations de cette division à Dieuze a répliqué éloquemment un fils des enfants du Midi. Cet enfant de la campagne niçoise, aujourd'hui fonctionnaire distingué, écrivain érudit et goûté, tenu pourtant par sa situation même à une certaine réserve, n'a noblement et crânement relevé l'injurieux défi jeté à la face de nos Méridionaux. Je m'honore hautement d'être devenu son modeste mais ardent collaborateur et son ami. Dans une brochure intitulée « La Légende du XVᵉ corps d'armée » — laquelle fut interdite par la Censure — M.B. a magistralement inflige au plus odieux des mensonges un formel et cinglant démenti, et confondu les calomniateurs. Ceux-ci ont d'ailleurs reconnu le mal fondé de leurs médisances.

« Et, dit le rédacteur de la brochure, par ... bien seul dans l'énervement des premières nouvelles de Charleroi et pour y faire diversion, fut ralié par son auteur, blanc officiellement par son inspirateur qui avait su se raviser prudemment et faire, des deux Méridionaux, l'éloge de l'attitude très belle des troupes qu'il avait désignées au mépris public. »

Le cynisme que, par la voix d'un journal,

entre la France et l'Italie, naguère délicates, s'étaient heureusement dissipées ; les deux sœurs latines comprenaient les avantages et la nécessité du retour à leur union séculaire. L'antipathie provoquée par l'influence allemande à l'est des Alpes n'avait été qu'épisode. Les deux nations étaient prêtes à se tendre la main et quand l'heure de la mobilisation sonna, les avant-gardes italiennes et françaises, manœuvrant en bonnes voisines dans les régions alpines, se saluèrent dans la pensée commune d'un prompt et fraternel revoir.

Les chasseurs de la 29ᵉ division alors en manœuvre dans les Alpes regagnèrent leurs garnisons et, quand je rentrai à Nice, à la tête du beau 5ᵉ bataillon (qui devint si héroïque, si glorieux), par l'ovation enthousiaste qui salua son défilé en ville, je compris que tous les cœurs niçois tressaillaient par leurs chaudes acclamations, l'espoir, la certitude que nos fiers chasseurs, relevés d'une garde désormais superflue, allaient reprendre une mission d'honneur aux côtés, à la tête des autres troupes de la 29ᵉ division.

Et, brillamment complétée par ses alpins, la division entra allègrement en campagne contre le seul ennemi déclaré de la France, contre le Boche !

Cette composition supérieure en formations, en effectifs et en qualité militaire classait la division parmi les unités d'élite et devants l'appeler, dès le début des opérations, à un rôle important, à des missions spéciales, actives, mordantes où elle eut à donner des preuves brillantes de sa discipline, du bon esprit, de la bravoure exceptionnelle de ses troupes. Elle commençait ses embarquements le 5 août et prenait, dès le 14, avec l'ennemi un premier et victorieux contact. Commencée vers huit heures de l'après-midi, le combat de Moncourt s'arrêtait à la nuit qui protégea la disparition hâtive des Boches devant nos baïonnettes. La lutte crânement menée avait mis en chasse, nos portes sérieuses ; mais ce succès, le premier de nos armes, remplissait nos cœurs d'une joie profonde, d'une heureuse et fière espérance.

Par son action offensive à Moncourt, la 29ᵉ division venait donner ardemment et vaillamment la main à une unité voisine, éprouvée la veille dans une surprise fâcheuse. Et depuis ce jour, dans toutes ses opérations, ce put-il être qu'elle fut chaque fois appelée à la rescousse d'unités diverses, d'importance pourtant supérieure à la sienne, réclamant son appui dans leur effort ou son secours dans l'échec, dans l'épreuve désastreuse qui les avait atteintes.

Cinq jours après son baptême du feu à Moncourt, la 29ᵉ division venait, dans l'axe même de la frontière à Dieuze, avec l'expérience du désastre qui lui était prédit dans un guet-apens effroyable, prendre place, boucher un trou « entre deux corps d'armée dont son attitude secourut le repli.

Avant la fin d'août 1914, elle était encore conviée à concourir à la défense des avancées du Couronne de Nancy, puis appelée, en toute hâte, à la gauche d'un corps d'armée paralysé dans son effort pour le franchissement de la Mortagne. Elle repoussait alors les Bavarois, organisés défensivement à Lamath, à Xermamenil, abordait ces positions dans un élan superbe et occupait la rive droite, après avoir enlevé dans un assaut fiévreux dix canons et 500 prisonniers. Elle étendait ensuite, dans une progression son coude... les ... un avance travers de la rivière dont le corps d'armée appuyé par elle n'avait pu, après cinq jours, réaliser le passage.

Puis vinrent les journées libres « de la Meuse ». Une fois encore, la 29ᵉ, doublant les plus rudes étapes, est appelée, à l'ouest de Bar-le-Duc, à relever un corps d'armée, gravement éprouvé, poussé par les Boches sur l'Ornain. En trois journées d'un effort...

"L'humanité est maudite, si pour faire preuve de courage elle est condamnée à tuer éternellement.

Le courage, aujourd'hui, ce n'est pas de maintenir sur le monde la sombre nuée de la Guerre, nuée terrible, mais dormante, dont on peut toujours se flatter qu'elle éclatera sur d'autres.

Le courage, ce n'est pas de laisser aux mains de la force la solution des conflits que la raison peut résoudre; car le courage est l'exaltation de l'homme, et ceci en est l'abdication.

Le courage pour vous tous, courage de toutes les heures, c'est de supporter sans fléchir les épreuves de tout ordre, physiques et morales, que prodigue la vie.

Le courage, c'est de ne pas livrer sa volonté au hasard des impressions et des forces ; c'est de garder dans les lassitudes inévitables l'habitude du travail et de l'action.

Le courage dans le désordre infini de la vie qui nous sollicite de toutes parts, c'est de choisir un métier et de le bien faire, quel qu'il soit ; c'est de ne pas se rebuter du détail minutieux ou monotone; c'est de devenir, autant que l'on peut, un technicien accompli ;

Le courage, c'est d'être tout ensemble, et quel que soit le métier, un praticien et un philosophe.

Le courage, c'est de comprendre sa propre vie, de la préciser, de l'approfondir, de l'établir et de la coordonner cependant à la vie générale.

Le courage, c'est d'accepter les conditions nouvelles que la vie fait à la science et à l'art, d'accueillir, d'explorer la complexité presque infinie des faits et des détails, et cependant d'éclairer cette réalité énorme et confuse par des idées générales, de l'organiser et de la soulever par la beauté sacrée des formes et des rythmes.

Le courage, c'est de dominer ses propres fautes, d'en souffrir mais de n'en pas être accablé et de continuer son chemin.

Le courage, c'est d'aimer la vie et de regarder la mort d'un regard tranquille ; c'est d'aller à l'idéal et de comprendre le réel ; c'est d'agir et de se donner aux grandes causes sans savoir quelle récompense réserve à notre effort l'univers profond, ni s'il lui réserve une récompense.

Le courage, c'est de chercher la vérité et de la dire ; c'est de ne pas subir la loi du mensonge triomphant qui passe, et de ne pas faire écho, de notre âme, de notre bouche et de nos mains aux applaudissements imbéciles et aux huées fanatiques. "

Jean Jaurès, Discours à la jeunesse d'Albi